新时代背景下国际经贸探索研究

张 敏 著

中国商务出版社
CHINA COMMERCE AND TRADE PRESS

图书在版编目（CIP）数据

新时代背景下国际经贸探索研究 / 张敏著. — 北京：中国商务出版社，2022.8

ISBN 978-7-5103-4397-1

Ⅰ.①新… Ⅱ.①张… Ⅲ.①国际贸易-研究 Ⅳ.①F74

中国版本图书馆CIP数据核字(2022)第160645号

新时代背景下国际经贸探索研究
XINSHIDAI BEIJING XIA GUOJI JINGMAO TANSUO YANJIU

张敏　著

出　　版：	中国商务出版社
地　　址：	北京市东城区安外东后巷28号　　邮　编：100710
责任部门：	发展事业部（010-64218072）
责任编辑：	周青
直销客服：	010-64515210
总 发 行：	中国商务出版社发行部　（010-64208388　64515150）
网购零售：	中国商务出版社淘宝店　（010-64286917）
网　　址：	http://www.cctpress.com
网　　店：	https://shop162373850.taobao.com
邮　　箱：	295402859@qq.com
排　　版：	北京宏进时代出版策划有限公司
印　　刷：	廊坊市广阳区九洲印刷厂
开　　本：	787毫米×1092 毫米 1/16
印　　张：	10.5　　　　　　　　　　　字　数：230千字
版　　次：	2023年1月第1版　　　　　　印　次：2023年1月第1次印刷
书　　号：	ISBN 978-7-5103-4397-1
定　　价：	63.00元

凡所购本版图书如有印装质量问题，请与本社印制部联系（电话：010-64248236）

版权所有　盗版必究　（盗版侵权举报可发邮件到本社邮箱：cctp@cctpress.com）

前　言

如今全球经济一体化发展，国际贸易在我国经济结构中的重要性得到凸显，培养专业的国际经贸人才十分重要。国际经贸人才需要掌握扎实的专业知识，包括经济学基础、国际经济学等，同时，还应掌握国际经贸的实践能力，能够运用国际经贸知识解决实际问题，成长为兼具理论知识和实践能力的应用型人才。因此，加强对国际经贸知识体系的研究，更有利于指导人才的培养工作，有利于提高人才培养质量。

国际经济与贸易知识作为经贸人才培养的基础，是对国际经济和国际贸易正确认识的关键。基于此，本书首先对经济学以及国际经济学的结构和范畴进行简单分析，其次研究了国际经贸知识体系的建设，最后通过建设知识体系明确人才培养方向，从而向社会输出更多专业人才，推动我国经济的发展。

当一个国家的贸易制度越完善，越能改善由于契约不完善而造成投资不足的问题，在不同国家中，由于制度差异的存在，同样可以塑造比较优势，纳入使用制度形成交易成本体系，基于成本比较优势可以削弱或者增加生产成本，因此，在制度上加以完善，是能够降低交易成本的有效手段，并可以增强本国比较优势。在教学过程中，作者从知识结构和体系出发，将理论和实践联系起来，并重视对现实问题的分析，让学生能够更为全面、客观地学习国际经贸知识和技能，建立开放性思维，成为符合社会需要的综合型人才。

国际经济与贸易作为经济类重要专业，对学生的理论知识和实践能力要求高。在教学上，我们需要兼顾理论和实务的结合，培养学生掌握理论知识的能力，将经贸理论知识转变为实践能力，并建立开放性思维以及前瞻性眼光，能够根据贸易业务作出科学合理的决策，从而支持我国国际贸易的发展。

为了提升本书的学术性与严谨性，在撰写过程中，作者参阅了大量的文献资料，引用了诸多专家学者的研究成果，因篇幅有限，不能一一列举，在此一并表示最诚挚的感谢。

由于时间仓促，加之笔者水平有限，本书在撰写过程中难免存在不足，希望各位读者不吝赐教，并提出宝贵的意见，以便作者在今后的学习中加以改进。

目　录

第一章　新时代背景下国际贸易理论 ··· 1
　　第一节　国际贸易理论 ··· 1
　　第二节　国际贸易政策与措施 ·· 11
　　第三节　国际直接投资理论 ·· 25
　　第四节　国际竞争力理论 ··· 33

第二章　新时代背景下国际经贸环境 ·· 38
　　第一节　世界贸易组织 ·· 38
　　第二节　区域经济一体化 ··· 50
　　第三节　经济全球化与跨国公司的发展 ·· 57

第三章　实行对外开放与发展对外经贸 ·· 64
　　第一节　新常态下中国对外经贸开放战略 ····································· 64
　　第二节　改革开放四十年对外经贸在我国经济中的角色变迁和展望 ···· 67

第四章　新时代背景下国际贸易的基本内容 ····································· 76
　　第一节　国际商品贸易 ·· 76
　　第二节　国际技术贸易 ·· 82
　　第三节　国际服务贸易 ··· 119

第五章　经济全球化与国际服务贸易 ··· 136
　　第一节　区域经济一体化 ··· 136
　　第二节　国际资本移动 ·· 141
　　第三节　跨国公司 ·· 148
　　第四节　国际服务贸易 ·· 152

参考文献 ·· 158

第一章　新时代背景下国际贸易理论

国际贸易理论是各国制定对外贸易政策的依据，其产生和发展离不开一定的经济基础。因此，从各国的对外贸易实践来看，几乎没有国家一直坚持遵从某一理论，而是通过与世界各国经济力量的对比，结合本国经济发展的特点和目标，运用最切合实际的理论，来制定相应的对外贸易政策，以此发展本国的对外经济与贸易。

第一节　国际贸易理论

一、自由贸易理论

（一）绝对成本学说

亚当·斯密是资产阶级经济学古典学派的主要奠基人之一，也是国际贸易和国际分工理论的创始者。亚当·斯密处在社会从工场手工业向大机器工业过渡时期，在其代表著作《国民财富的性质和原因的研究》中，提出了国际分工与自由贸易的理论，并将此作为反对重商主义的贸易差额论和保护贸易政策的重要武器，对国际贸易和国际分工理论的创立做出了重要贡献。亚当·斯密首先分析了分工的利益，他认为分工可以提高劳动生产率，原因是：① 分工能提高劳动的熟练程度；② 分工使每个人专门从事某项作业，可以节省与生产没有直接关系的时间；③ 分工有利于发明创造和改进工具，另外，他还以制针业中手工工场的例子来说明分工可以提高劳动生产率。亚当·斯密认为当时在没有分工的情况下，一个粗工每天连一根针也制造不出来，而在分工的情况下，10个人每天可制造48000根针，每个工人的劳动生产率提高了几千倍。因此，亚当·斯密认为在生产要素不变的条件下，劳动生产率可以依靠分工得到提高。

在亚当·斯密看来，适用于一国内部的不同职业之间、不同工种之间的分工原则，也适用于各国（地区）之间。亚当·斯密主张如果外国（地区）产品比自己国（地区）内生产的便宜，那么最好是输出本国（地区）在有利生产条件下生产的产品去交换外国（地区）的产品，而不是自己生产。例如，在苏格兰，人们可以利用温室种植出很好的葡萄，并酿造出同国（地区）外进口的一样的葡萄酒，但要多付出30倍的代价。

如果真这么做，那就是明显的愚蠢行为。亚当·斯密认为，每一个国家（地区）都有其适宜生产某些特定产品的绝对有利的生产条件去进行专业化生产，然后彼此进行交换，这样对所有交换国家（地区）都是有利的，因此，亚当·斯密的这个理论也称为绝对利益理论。

（二）比较成本说

大卫·李嘉图是英国工业革命深入发展时期的经济学家，是当时英国工业资产阶级的思想家，代表著作为《政治经济学及赋税原理》。

1815年，英国政府为维护土地贵族阶级利益而修订施行了《谷物法》。《谷物法》颁布后，英国粮价上涨、地租猛增，昂贵的谷物使工人货币工资被迫提高，成本增加、利润减少，削弱了工业品的竞争能力。同时，昂贵的谷物使英国各阶层增加了粮食开支，减少了对工业品的消费。《谷物法》招致外国以高关税阻止英国工业品对其出口。总之，《谷物法》对地主贵族有利，却大大伤害了英国工业资产阶级的利益。出于发展资本、提高利润率的需要，英国工业资产阶级迫切要求废除《谷物法》，从而与土地贵族阶级展开了激烈的斗争。

为了废除《谷物法》，工业资产阶级在全国各地组织"反谷物法同盟"，广泛宣传《谷物法》的危害性，鼓吹谷物自由贸易的好处。地主贵族阶级则千方百计维护《谷物法》。他们认为，英国能够自己生产粮食，根本不需要从国外进口，因此反对谷物自由贸易。这时，工业资产阶级迫切需要找到谷物自由贸易的理论依据。大卫·李嘉图适时而应，他认为英国不仅要从外国（地区）进口粮食，而且要大量进口，因为英国在纺织品生产上所占的优势比在粮食生产上优势大，所以英国应专门发展纺织品生产，将其出口换取粮食，取得比较利益，提高商品生产数量。为此，大卫·李嘉图在进行废除《谷物法》的论战中，提出了比较成本说。大卫·李嘉图的比较成本说是在亚当·斯密绝对成本理论的基础上发展起来的。根据亚当·斯密的观点，国际分工应按地域、自然条件及绝对的成本差异进行，即一个国家（地区）输出的商品一定是生产上具有绝对优势、生产成本绝对低于他国（地区）的商品。大卫·李嘉图进一步发展了这一观点。他认为每个国家不一定要生产各种商品，而应集中力量生产那些利益较大或不利较小的商品，然后通过国际贸易换取本国所需商品，在资本和劳动力不变的情况下，使本国生产总量增加，如此形成的国际分工对贸易各国都有利。

（三）生产要素禀赋学说

古典学派的国际贸易和国际分工理论在西方经济学界占支配地位达一个世纪之久，到了20世纪30年代，才受到两位瑞典经济学家的挑战。他们就是赫克歇尔和他的学生俄林。俄林的代表著作是《区际贸易和国际贸易》，他曾于1977年获诺贝尔经济学奖。由于俄林的理论采用了赫克歇尔的主要观点，创立了较完整的要素禀赋学说，因此又叫作赫克歇尔-俄林理论,简称 H-O 理论。古典学派认为商品的价值是由生产商品所花费的劳动时间决定的。而以俄林为代表的新古典学派则反对这一学说。他们用在互相依赖的生产结构中多种生产要素的理论代替了古典学派的单一生产要素的劳动价值理论。大卫·李嘉图认为国内价值的决定不能适用于国际贸易,俄林则把国内价值理论扩大到区际贸易和国际贸易上。

古典学派认为国际贸易发生的原因是各个国家(地区)在生产各种商品时劳动生产率的差异,而且各国劳动生产率及其差异都是固定不变的。俄林则在他的生产要素禀赋理论中,假定各个国家在生产商品时所使用的生产技术是一样的,因而排除了各国劳动生产率的差异。

1. 要素禀赋学说的假定

(1)假定在各个区际或国家内部,生产诸要素是完全自由流动的,但在区域和国家之间,它们是不能自由流动的;

(2)假定货物流通中的一切限制都不存在;

(3)假定只有商品贸易,贸易是平衡的,出口恰恰足以支付进口;

(4)假定生产诸要素是完全可以分割的,单位生产成本不随着生产的增减而变化,因而没有规模经济的利益;

(5)假定只有两个区域或两个国家;

(6)假定两国技术水平相同,生产函数相同。

2. 要素禀赋学说的主要内容

要素禀赋学说有狭义和广义之分。所谓狭义的要素禀赋说是指生产要素供给比例说,它通过对相互依存的价格体系的分析,用不同国家的生产诸要素的丰缺解释国际贸易和国际分工产生的原因和一国进出口商品结构的特点。所谓广义的要素禀赋说,除了生产要素供给比例说,还包括要素价格均等化说。该学说研究国际贸易对要素价格的反作用,说明国际贸易不仅使国际商品价格趋于均等化,还会使各国生产要素的价格趋于均等化。

(1)生产要素供给比例说。

俄林的生产要素供给比例说是从商品价格的国际绝对差开始逐层展开的,其内容有以下 7 个方面:

①价格的国际绝对差。俄林认为,各国(地区)所生产的同样产品的价格绝对差是国际贸易的直接基础或直接原因,即国际贸易之所以产生是由于价格的不同。当两国(地区)间的价格差别大于商品的各项运输费用时,则从价格较低的国家(地区)输出商品到价格较高的国家(地区)是有利的。在许多情况下,一些国家(地区)可以生产出与进口货物质量同样好的货物,但必须付出高昂的代价。例如,美国可以生产咖啡、香蕉,英国可以种植葡萄,但其生产成本要比进口货物高得多。另外一种情

况是，有一些国家（地区）缺乏资源，如日本为发展工业必须进口石油。

② 成本的国际绝对差。俄林认为，价格的国际绝对差来自成本的国际绝对差，同一种商品价格在国家之间的差别，主要是成本的差别。所以，成本的国际绝对差是国际贸易发生的第一个原因。

③ 不同的成本比例。俄林认为，国际贸易发生的第二个条件是在两国国内各种商品的成本比例不同。

④ 相同的成本比例。俄林认为，如果两国（地区）的成本比例是相同的，一国（地区）的两种商品成本都按同一比例低于另一国（地区），则两国（地区）间只能发生暂时的贸易关系。

在这种情况下，只能是美国的小麦和纺织品都单方向英国输出，而英国没有任何产品可输出，因此美国对英国贸易出超，英国入超。英国需大量买入美元来补偿，则美元汇价上升，英镑汇价下降。美元汇价的上升意味着以英镑计价的美国商品价格上涨，就会抑制美国的出口。在汇率达到一定水平时，双方的进口值恰好等于出口值，就建立了贸易平衡。但在两国成本比例相同时，两国间均衡汇价就会按美元（或英镑）计算，美国商品的单位成本完全等于英国商品的单位成本，就不会再有贸易关系产生。此例中，美元汇价上涨一倍就会使两国两种商品的单位成本完全相等。因此，俄林认为比较成本差异是国际贸易的重要条件。

⑤ 生产诸要素不同的价格比例。俄林认为，不同国家（地区）有不同的成本比例是因为各国（地区）生产诸要素的价格比例不同，不同商品是由不同的生产要素组合生产出来的。在每一个国家（地区），商品的成本比例反映了其生产诸要素的价格比例关系，也就是工资、地租、利息、利润之间的比例关系。由于各国（地区）的生产要素价格不同，就产生了成本比例的不同。

每种生产要素的价格是由供给和需求决定的。对一种要素的需求是来自对其产品的需求，对汽车的需求增加，也会提高对工人、原料、资本的需求。既然每种生产要素的价格是由供求决定的，那么两国（地区）生产要素价格的不同比例关系，也就是两国（地区）诸生产要素的供给与需求存在着不同的比例关系。

⑥ 生产诸要素不同的供求比例。各国（地区）在生产要素的供给方面是不相同的，即各国（地区）所拥有的各种要素的数量、种类和质量是不同的，国际贸易就建立在各个国家（地区）各种生产要素的多寡不同和价格高低不同的基础上。另外，即使生产诸要素的供给比例是相同的，对这些生产要素不同的需求也会产生生产诸要素不同的价格比例，从而为国际贸易提供一个基础。

⑦ 国际贸易和国际分工的基础和利益。俄林从价格的国际绝对差出发，分析成本的国际绝对差和不同国家（地区）内不同的成本比例，进而探讨生产诸要素不同的价格比例，最后说明生产诸要素不同的供给和需求比例。

俄林认为，在这个链条中，供给比例是最重要的环节，但没有一个单一的环节是国际贸易最终的基础。各个环节之间相互依赖的关系决定了每一个国家（地区）的价格结构。而各个国家（地区）的价格结构决定了其在国际贸易和国际分工体系中的比较利益，这也就构成了国际贸易和国际分工的基础。

国际贸易和国际分工最重要的利益，是各国（地区）能更有效地利用各种生产要素。在国际分工条件下，各种生产要素最有效的利用将会比在闭关自守的情况下得到更多的社会总产品。俄林认为，国际生产要素不能充分流动使生产达不到理想结果，但是商品的流动在一定程度上可以弥补国际生产要素缺少流动性的不足，即通过国际贸易可以部分解决国际要素分配不均的问题。

（2）要素价格均等化说。

赫克歇尔和俄林不仅说明了不同国家（地区）不同的要素禀赋是国际贸易发生的原因，而且还进一步论述了国际贸易将会导致各国（地区）生产要素的相对价格和绝对价格的均等化，即所谓要素价格均等化说。美国经济学家萨缪尔森发展了这个理论，并认为，国际要素价格均等化不仅是一种趋势，而且是一种必然。由于他对H-O理论的引申，因此这个理论又称为赫-俄-萨原理。

按照这个理论，虽然生产要素在国际上不能自由流动，但国际商品的自由流动将会导致两个国家（地区）的工人取得同等的实际工资、资本获取同样的利息、土地获得同等的地租。这是因为两国（地区）在实行分工和发生贸易之后，各自经常大量使用本国（地区）丰裕要素进行商品生产，从而使这类要素价格日趋上涨；同时，由于各自不断进口本国（地区）稀缺要素生产的外国（地区）产品，将使本国（地区）这类要素价格不断下跌。这样，国际贸易导致了两国（地区）间的工资差异和利息差异的缩小，并使要素价格趋向均等化。但是，俄林认为要素价格完全相同几乎是不可能的，要素价格均等只是一种趋势，其主要原因有以下几点：① 影响市场价格的因素复杂多变，而不同地区的市场又存在差别，价格水平难以一致；② 生产要素在国际上不能充分流动，即使在国（地区）内，生产要素从一个部门移向另一个部门也不是充分便利的；③ 产业对几个要素的需求往往是"联合需求"，而且这些要素之间的结合不能任意改变，这种整体性和固定性的结合影响了要素价格的均等；④ 集中的大规模生产必然使有些地区要素价格相对高点而另一些地区要素价格相对低点，从而阻碍了生产要素价格完全均等。

但是，萨缪尔森针对这个问题做了进一步推论。他认为国际贸易将会使不同国家（地区）间生产要素相对价格和绝对价格均等化。这种均等化不是一种趋势，而是一种必然。

萨缪尔森认为，国际贸易会导致各种要素相对价格的完全均等化，是由于在多种要素相对价格有差异的情况下，贸易会持续扩大和发展，而贸易的扩大和发展则会减少两国（地区）间要素价格的差异，直到两国（地区）内各种商品的相对价格完全均等化为止，这时就意味着两国（地区）内的要素相对价格也完全均等化了。

萨缪尔森还进一步论证了两国（地区）要素的绝对价格均等化问题。在要素的相对价格均等化、商品市场和要素市场存在着完全的自由竞争以及两国（地区）使用同样的技术等条件下，国际贸易将会导致要素绝对价格完全均等化。

萨缪尔森的这一理论试图说明，国际贸易不仅可以合理配置资源、调整贸易的经济结构，而且还可以"改善"各国（地区）收入分配不均，缩小彼此经济差距，因此，这个理论又被称为要素报酬均等化理论。

3. 要素禀赋学说的三个主要结论

（1）每个区域或国家（地区）利用其相对丰富的生产诸要素（土地、劳动力、资本等）从事商品生产，就处于比较有利的地位，而利用其相对稀少的生产诸要素从事商品生产，就处于比较不利的地位。因此，每个国家（地区）在国际分工和国际贸易体系中应生产和输出前面那些种类的商品，输入后面那些种类的商品。

（2）区域贸易或国际贸易的直接原因是价格差别，即各个地区间或国家间商品价格不同。

（3）商品贸易一般趋向于（即使是部分的）消除工资、地租、利润等生产要素收入的国际差别，导致国际商品价格和要素价格趋于均等化。

（四）列昂惕夫之谜

第二次世界大战后，在第三次科技革命的推动下，世界经济迅速发展，国际贸易都和国际分工发生了巨大变化，传统的国际贸易和国际分工理论更显得脱离实际。在这种形势下，一些西方经济学家力图用新的学说来解释国际贸易和国际分工中存在的某些问题，这个转折点就是列昂惕夫反论，或称列昂惕夫之谜。列昂惕夫对 H-O 理论确信无疑。按照这个理论，一个国家（地区）如果拥有较多的资本，就应该生产和输出资本密集型产品，而输入在本国（地区）生产中需要较多使用国（地区）内比较稀缺的劳动力要素的劳动密集型产品。基于以上的认识，他利用投入-产出分析方法对美国的对外贸易商品结构进行具体计算，其目的是对 H-O 理论进行验证。列昂惕夫把生产要素分为资本和劳动力两种，对 200 种商品进行分析，计算出每百万美元的出口商品和进口替代商品所使用的资本和劳动量，从而得出美国在出口商品和进口替代商品中所含的资本和劳动的密集程度。

列昂惕夫发表其验证结论后，西方经济学界大为震惊，并将这个不解之谜称为"列昂惕夫之谜"，并掀起了验证和探讨"列昂惕夫之谜"的热潮。一些经济学家效仿列昂惕夫的做法对一些发达国家的对外贸易状况进行验证，发现部分国家也存在着这个"谜"。

二、保护贸易理论

（一）重商主义

重商主义是"对现代生产方式的最早的理论探讨"，是资本主义生产方式准备时期建立起来的代表商业资产阶级利益的一种经济学说和政策体系。它产生于15世纪，全盛于16世纪和17世纪上半叶，从17世纪下半叶开始便盛极而衰。重商主义最初出现在意大利，后来流行于西班牙、葡萄牙、荷兰、英国和法国等国家。16世纪末叶以后，重商主义在英国和法国得到了重大的发展。

重商主义的产生有着深刻的历史背景。15世纪以后，西欧封建自然经济逐渐瓦解，商品货币经济关系急剧发展，封建地主阶级力量不断削弱，商业资产阶级的力量不断增强，社会经济生活对商业资本的依赖日益加深。与此同时，社会财富的重心由土地转向了金银货币，货币成为全社会所追求的东西，并被认为是财富的代表形态和国家富强的象征。而当时金银货币主要来自商业资产阶级所经营的内外贸易，尤其是对外贸易。因此，对外贸易被认为是财富的源泉，重商主义应运而生。

重商主义所重的"商"是对外经商。重商主义学说实质上是重商主义对外贸易学说，重商主义的基本观点是：① 绝大多数人把货币看成财富的唯一形式，认为国内贸易只是一种货币转手活动，并不能增加国家财富，除了开采金银矿藏外，获取财富的唯一途径是发展国际贸易。② 大力主张国家干预经济活动，要求政府用法律手段保护国内工商业，为其提供各种便利条件，促其加速发展，壮大国际贸易。③ 主张实行少买多卖的原则，力争贸易顺差，以便吸收更多外国货币，增加国家财富和增强国力。④ 以流通领域为研究对象，认为利润或利益来自流通过程，而不是来自生产过程。

重商主义经历了从15世纪至16世纪中叶早期和16世纪下半叶至17世纪晚期两个发展阶段，其对外贸易学说也相应地分为早期和晚期。

早期的重商主义学说以英国人威廉·斯塔福为代表。早期重商主义者反对进口，认为一切进口都会减少货币，而货币的减少对本国（地区）是有害的，对外应该少买或根本不买。同时他们主张鼓励出口，应该多向国（地区）外销售产品，销售得越多越好，因为出口越多，从国（地区）外吸收的货币越多。他们还要求禁止货币出口，认为这是保留货币的一种手段。这样，他们就把增加国（地区）内货币的积累、防止货币外流视为对外贸易政策的指导原则。晚期重商主义学说的最重要代表人物是托马斯·孟、约西·蔡尔德和查尔斯·达芬南。托马斯·孟的主要著作是1664年出版的《英国得自对外贸易的财富》，被认为是重商主义的"圣经"。三人都把自己的理论认识应用于实践。孟和蔡尔德曾在东印度公司服务。蔡尔德临终时是东印度公司的股东。

在《英国得自对外贸易的财富》一书中，孟认为增加英国财富的手段就是发展对外贸易，但是必须遵循一条原则，就是卖给外国人的商品总值应大于购买外国人的商品总值，从每年的进出口贸易中取得顺差，增加货币流入量。他反对早期重商主义者禁止金银输出的思想，并把货币与商品联系起来，指出"货币产生贸易，贸易增多货币"，只有输出货物，才能输入更多的货币。为了保证有利的贸易差额，孟主张扩大农产品和工业品的出口，减少外国（地区）制品的进口，反对英国居民消费英国能够生产的外国（地区）产品。他还主张发展加工工业，发展转口贸易。

尽管重商主义的贸易思想有不少错误和局限性，但其中许多重要概念为后人研究国际贸易理论与政策打下了基础，尤其是关于贸易的顺差、逆差进一步发展到后来的"贸易平衡""收支平衡"概念。重商主义关于进出口对国家财富影响的内容，对后来凯恩斯的国民收入决定模型亦有启发。更重要的是，重商主义已经开始把整个贸易过程作为一个系统，而把对外贸易看作这一系统非常重要的组成部分。经济学家熊彼特对重商主义的评价是："开始为18世纪末和19世纪初形成的国际贸易一般理论奠定基础。"

（二）保护幼稚工业学说

关于保护贸易的理论，就其影响而言，弗里德里希·李斯特的保护幼稚工业理论具有代表性。李斯特是德国历史学派的先驱者，早年在德国提倡自由主义。自1825年出使美国以后，他受到汉密尔顿的影响，并亲眼见到美国实施保护贸易政策的成效，于是转而提倡贸易保护主义。他在1841年出版的《政治经济学的国民体系》一书中，系统地提出了保护幼稚工业的学说。

1. 对古典学派自由贸易理论提出批评

（1）指出"比较成本学说"不利于德国生产力的发展。李斯特认为，从外国（地区）购买廉价的商品，表面上看起来要合算一些，但是这样做，德国的工业就不可能得到发展，而会长期处于落后和从属于外国（地区）的地位。如果德国采取保护关税政策，一开始会使工业品的价格提高，但经过一段时期，德国工业得到充分发展，生产力将会提高，商品生产费用将会下跌，商品价格甚至会低于从外国（地区）进口的商品价格。

（2）批评古典学派自由贸易学说忽视了各国（地区）历史和经济上的特点。古典学派自由贸易理论认为，在自由贸易下，各国（地区）可以按地域条件、比较成本形成和谐的国际分工。李斯特认为，这种学说是一种世界主义经济学，它抹杀了各国（地区）的经济发展与历史特点，错误地以"将来才能实现"的世界联盟作为研究的出发点。李斯特根据国民经济完成程度，把国民经济的发展分为五个阶段，即"原始未开化时期、畜牧时期、农业时期、农工业时期、农工商业时期"。各国经济发展阶段不同，采取的贸易政策也不应相同。处于农业阶段的国家（地区）应实行自由贸易政策，以利于农产品的自由输出，并自由输入外国（地区）的工业产品以促进本国（地区）农业的发展，培育工业化的基础。处于农工业阶段的国家（地区），由于本国已有工业发展，但并未发展到能与外国产品相竞争的程度，故必须实施保护关税制度，使本国工业不受外国产品的打击。处于农工商业阶段的国家（地区），由于国内工业产品已具备国际竞争能力，国外产品的竞争威胁已不存在，故应实行自由贸易政策，以享受自由贸易的最大利益，刺激国内工商业进一步发展。

李斯特认为英国已到达最后阶段（农工商业时期），法国在第四阶段与第五阶段之间，德国与美国均在第四阶段，葡萄牙与西班牙则在第三阶段。因此，李斯特根据其经济发展阶段说，主张当时德国应实行保护工业政策，促进德国工业化，以对抗英国工业产品的竞争。

（3）主张国家（地区）干预对外贸易。自由贸易理论视国家（地区）为被动的警察，李斯特则把国家（地区）比喻为国民生活中如慈父般的有力指导者。他认为，国家的存在比个人的存在更为重要，国家的存在是个人与人类全体安全、福利、进步以及文化等发展的第一条件。因此，个人的经济利益应从属于国家财富的维持与增进。他认为，国家在必要时可限制国民经济活动的一部分，以保持国家的经济利益。他以风力和人力在森林成长中的作用比喻国家在经济发展中的重要作用。他说："经验告诉我们，风力会把种子从这个地方带到那个地方，然后荒芜原野会变成稠密森林，但是要培养森林就静等着风力作用，让它在若干世纪的过程中来完成这样的转变，世界上岂有这样愚蠢的办法？如果一个植林者选择树苗并主动栽培，在几十年内达到同样的目的，这难道不是一个可取的办法吗？历史告诉我们，有许多国家就是采取了植林者的办法并胜利地实现了他们的目标。"因此，李斯特主张在国家干预下实行保护贸易。

2. 保护的对象与时间

李斯特保护贸易政策的目的是促进生产力的发展。经过比较，李斯特认为应用动力与大规模机器的制造工业的生产力远远大于农业。他认为着重农业的国家，人民精神萎靡，一切习惯与方法偏于守旧，缺乏文化福利与自由；而着重工商业的国家则不然，人民充满增进身心与才能的精神。他提出保护对象的条件是：① 农业不需要保护。只有那些刚从农业阶段跃进的国家，距离工业成熟时间尚远，才适宜于保护。② 一国（地区）工业虽然幼稚，但在没有强有力的竞争者时，也不需要保护。③ 只有刚刚开始发展且有强有力的外国（地区）竞争者的幼稚工业才需要保护。李斯特提出的保护时间以 30 年为最高限期。

3. 保护幼稚工业的主要手段

通过禁止输入与征收高关税的办法来保护幼稚工业，以免税或征收轻微进口关税方式鼓励复杂机器进口。

为保护幼稚工业，李斯特提出"对某些工业品可以实行禁止输入，或规定的税率事实上等于全部，或至少部分地禁止输入"，同时对"凡是在专门技术与机器制造方面还没有获得高度发展的国家，对于一切复杂机器的输入应当允许免税，或只征收轻微的进口关税"。

（三）对外贸易乘数学说

约翰·梅纳德·凯恩斯是英国资产阶级经济学家，是凯恩斯主义的创始人，代表作是1936年出版的《就业、利息和货币通论》。凯恩斯没有一本全面系统地论述国际贸易的专门著作。但是，他和他的弟子们有关国际贸易方面的观点与论述却为对外贸易政策，尤其是超保护贸易主义提供了重要的理论根据。

在1929—1933年资本主义经济大危机以前，凯恩斯是一个自由贸易论者。当时，他否认保护贸易政策会有利于国内的经济繁荣与就业。经济大危机以后，凯恩斯改变立场，转而推崇重商主义。他认为重商主义保护贸易的政策确实能够保证经济繁荣、扩大就业。

古典学派的贸易理论是建立在国内充分就业前提下的。他们认为，国与国之间的贸易应当是进出口平衡，以出口抵偿进口，即使由于一时的原因或由于人的力量使贸易出现顺差，也会由于贵重金属移动和由此产生的物价变动得以调整，进出口仍归于平衡。他们认为不需要为贸易出现逆差而担忧，也不能为贸易出现顺差而高兴，主张自由贸易政策，反对人为干预。

凯恩斯与其追随者认为古典学派自由贸易理论过时了，20世纪30年代存在大量失业，自由贸易理论"充分就业"的前提条件已不存在。凯恩斯和其追随者认为，古典学派自由贸易论者虽然以"国际收支自动调节说"说明贸易顺、逆差最终均衡的过程，但忽略了其在调节过程中对一国国民收入和就业所产生的影响。他们认为应当仔细分析贸易顺差与逆差对国民收入和就业的作用；贸易顺差能增加国民收入，扩大就业，而贸易逆差则会减少国民收入，加重失业。凯恩斯将总投资分为国内投资和对外投资，国内投资额由"资本边际效率"和"利息率"决定，对外投资量由贸易顺差大小决定。贸易顺差可为一国带来黄金，扩大支付手段，降低利息率，刺激物价上涨，促进投资，有利于缓和国内危机和扩大就业。因此，凯恩斯及其追随者赞成贸易顺差，反对贸易逆差。

对外贸易乘数理论是凯恩斯投资乘数在对外贸易方面的运用，这里先介绍投资乘数理论。

凯恩斯把反映投资增长和国民收入扩大之间的依存关系称为乘数或倍数理论。该理论认为，新增加的投资会引起对生产资料的需求增加，从而引起从事生产资料的人们（企业主和工人）的收入增加；他们收入的增加又引起对消费品需求的增加，从而导致从事消费品生产的人们收入增加。如此推演下去，国民收入的增加总量将等于原增加投资量的若干倍。凯恩斯认为，增加的倍数取决于"边际消费倾向"。

第二节　国际贸易政策与措施

当一种贸易理论被执政者采纳时，便可以运用国家权力制定和执行相应的对外贸易政策，这种政策又是通过具体的措施实现的。当某种理论根据经济发展的需要而发生变化的时候，新的经济政策就会产生，而具体的措施也同样会发生变化。因此，不同国家（地区）乃至同一国家（地区）不同时期的对外贸易政策与措施都是不断变化的。我们把各国的政策与措施综合起来进行研究，就可以观察到国际贸易政策与措施的实施情况，从而取长补短，结合我国国情制定我国的对外贸易政策和具体措施。

一、国际贸易政策及其演变

（一）国际贸易政策的定义及构成

国际贸易政策是指一个国家（地区）在一定时间内影响其进出口贸易活动的全部管理措施的总称。一国（地区）对外贸易活动总是在一定的对外贸易政策的指导下进行的。国家（地区）通过对外贸易政策影响其对外贸易的规模、结构、流向和利益分割，既体现该国（地区）的政治外交原则，又维护本国（地区）的经济贸易利益。

从具体内容上来讲，一国（地区）对外贸易政策由对外贸易总政策、进出口商品政策、对外贸易国别政策构成。

对外贸易总政策是一国（地区）根据一定时期内国际政治经济的基本发展态势和该国（地区）所处的地位，从有利于该国（地区）整个国民经济的总体发展出发，结合本国（地区）的资源禀赋、产业结构、经济发展水平制定的该国（地区）在较长时期内普遍适用的对外贸易的原则、方针、策略。

进出口商品政策是根据对外贸易总政策、经济结构和国内市场状况而分别制定的政策。

对外贸易国别政策是根据对外贸易总政策、对外政治、经济关系而制定的国别和地区政策。

（二）国际贸易政策类型及其演变

自国际贸易产生与发展以来，主要有两种类型的国际贸易政策，一种是自由贸易政策，一种是保护贸易政策。自由贸易政策的主要内容是：国家（地区）取消对进出口贸易和服务贸易等的限制和障碍，取消对本国（地区）进出口商品和服务贸易等的各种特权和优待，使商品自由进出口，服务贸易自由经营，在国（地区）内外市场上自由竞争。保护贸易政策的主要内容是：国家（地区）广泛利用各种限制进口和控制经营领域与范围的措施，保护本国（地区）产品和服务在本国（地区）市场上免受外国（地区）商品和服务等的竞争，并对本国（地区）出口商品和服务贸易给予优待和补贴。

自由贸易政策和保护贸易政策既相互对立、相互排斥，又相互统一、相互协调，形成一个对立统一的政策体系。它们赖以制定和实施的客观经济条件没有必然的差异，一个国家对外贸易政策往往都是这两种政策的组合，只不过在不同时期根据不同的经济条件和经济目标有所侧重。

从整个世界范围来看，自资本主义生产方式出现以来，自由贸易政策和保护贸易政策就像一对孪生姐妹，始终相伴随。但在不同的发展时期，各国（地区）贸易政策的侧重点不尽相同，有时以自由贸易政策为主，有时又会掀起保护贸易的浪潮。

在资本主义生产方式准备时期，为了促进资本的原始积累，西欧各国广泛实行重商主义下的强制性的贸易保护政策，通过限制货币（贵重金属）出口和扩大贸易顺差的办法扩大货币的积累，以英国实行得最为彻底。

在资本主义自由竞争时期，资本主义生产方式占据统治地位，世界经济进入了商品资本国际化的阶段。这个时期，各国（地区）对外贸易政策的基调是自由贸易。英国是带头实行自由贸易政策的国家。但由于各国经济发展水平不同，一些经济发展起步较晚的国家，如美国和德国，采取了保护贸易政策。

在资本主义垄断时期的前期（19世纪90年代到第二次世界大战前），垄断加强，资本输出占据统治地位。1929—1933年资本主义经济大危机期间，市场问题急剧恶化，出现了超保护贸易政策。第二次世界大战后，随着生产和资本的国际化，出现了世界范围的贸易自由化。走上政治独立的广大发展中国家则实行了贸易保护主义。新生的社会主义国家为了发展民族经济，也实行了国家统治下的贸易保护主义。

20世纪70年代中期以后，在世界贸易自由化的同时，全球兴起了新贸易保护主义，在上述背景下出现了管理贸易政策。这种政策的主要内容是：国家（地区）对内制定各种对外经济贸易法规和条例，加强对本国（地区）进出口贸易有秩序发展的管理；对外通过协商，签订各种对外经济贸易协定，以协调和发展缔约方之间的经济贸易关系。

（三）国际贸易政策的制定与执行

对外贸易政策属于上层建筑，它既反映了经济基础和当权阶级的利益与要求，同时又反过来维护和促进了经济基础的发展。各国（地区）在制定贸易政策的过程中，要考虑到以下因素：本国（地区）经济结构与比较优势；本国（地区）产品在国际市场上的竞争能力；本国（地区）与别国经济、投资的合作情况；本国（地区）内物价、就业状况；本国（地区）与他国（地区）的政治关系；本国（地区）在世界经济、贸易组织中享受的权利与应尽的义务；各国（地区）政府领导人的经济思想与贸易理论。

各国（地区）对外贸易政策的制定与修改是由国家（地区）立法机构进行的。最高立法机关在制定和修改对外贸易政策及有关规章制度前，要征询各个经济集团的意见。如发达资本主义国家一般要征询大垄断集团的意见，各垄断集团的领导人通过企业主联合会、企业家协会等机构协调和商定共同立场，向政府提出各种建议，甚至派人参与制定和修改有关对外贸易政策的法律草案。

最高立法机关颁布的对外贸易各项政策既包括一国（地区）较长时期内对外贸易政策的总方针和基本原则，又规定某些重要措施以及给予行政机构的特定权限。例如，美国国会往往会授予美国总统在一定的范围内制定某些对外贸易法令、进行对外贸易谈判、签订贸易协定、增减关税和确定数量限额等权利。

对外贸易政策一般通过海关对进出口贸易进行管理。海关是国家（地区）行政机关，是设置在对外开放口岸的进出口监督管理机关。它的主要职能是：对进出国境（边界）的货物和物品、运输工具进行实际的监督管理，稽征关税和代征法定的其他税费，查禁走私；一切进出国境（边界）的货物和物品、运输工具，除国家法律有特别规定的以外，都要在进出国境（边界）时向海关申报，接受海关检查（查验）。同时国家广泛设立各种机构，负责促进出口和管理进口，并由政府出面参与各种国际经济贸易的国际机构与组织，进行国际经济贸易方面的协调工作。

二、关税措施

（一）关税的定义和特点

长期以来，关税一直是各国（地区）对外贸易政策的重要手段。关税是进出口商品经过国境（边界）时，由政府所设置的海关向其进出口商所征收的税收。

关税是国家财政收入的重要组成部分。它与其他税收一样，具有强制性、无偿性和预定性。强制性是指税收是凭借法律的规定强制征收的，而不是一种自愿献纳。凡需要交税者，都要按照法律规定无条件履行自己的义务，否则就要受到国家法律的制裁。无偿性是指征收的税收，除特殊例外，都是国家（地区）向纳税人无偿取得的国库收入，国家（地区）不需付出任何代价，也不必把税款直接归还给纳税人。预定性是指国家（地区）事先规定征税的比例或征税数额，征纳双方必须共同遵守执行，不得随意变化和减免。

关税属于间接税。关税主要是对进出口商品征税，其税款可以由进出口商垫付，然后把它作为成本的一部分加在货价上，在货物出售给买方时收回这笔垫款。这样，关税负担最后便转嫁给买方或消费者。

关税的税收主体和客体是进出口商人和进出口货物。按纳税人与课税货物的标准，税收可分为税收主体和税收客体。税收主体也称课税主体，是指在法律上根据税法规定负担纳税的自然人或法人，也称纳税人。税收客体也称课税客体或课税对象，如消费品等。关税与一些国内税不同，关税的税收主体是本国进出口商。当商品进出国境或边界时，进出口商根据海关法规定向当地海关交纳关税，他们是税收主体，即关税的纳税人。关税的税收客体是进出口货物。根据海关税法与有关规定，各种进出口商品有不同税目和税率，缴纳不同的关税。

（二）关税的作用

许多国家（地区）通过制定和调整关税税率来控制进出口贸易，在出口方面，通过低税、免税和退税来鼓励商品出口；在进口方面，通过税率的高低、减免来调节商品的进口。关税对进口商品的调节作用，主要表现在以下几方面：

对于国（地区）内能大量生产或者暂时不能大量生产但将来可能发展的产品，规定较高的进口关税，以削弱进口商品的竞争能力，保护国（地区）内同类产品的生产和发展。

对于非必需品或奢侈品的进口制定更高的关税，达到限制甚至禁止进口的目的。

对于本国（地区）不能生产或生产不足的原料、半制成品、生活必需品或生产上的急需品的进口，制定较低税率或免税，鼓励进口，满足国（地区）内生产和生活的需要。

通过关税调整贸易差额。当贸易逆差过大时，提高关税或征收进口附加税以限制商品进口，缩小贸易逆差。当贸易顺差过大时，通过减免关税、缩小贸易顺差，以缓和与有关国家（地区）的贸易摩擦与矛盾。

（三）关税的主要种类

关税种类繁多，按照不同的标准，主要可分为以下几类：

1. 按照征收的对象或商品流向分类

（1）进口税。进口税是进口国家（地区）的海关在外国（地区）商品输入时，根据海关税则对本国（地区）进口商品所征收的关税。

进口税按照差别待遇和特定的实施情况又可以分为：

①一般进口税。一般进口税有最惠国税和普通税两种，最惠国税适用于与该国（地区）签订有最惠国待遇条款的贸易协定的国家或地区所进口的商品。普通税适用于与该国（地区）没有签订相关贸易协定的国家或地区所进口的商品。最惠国税率比普通税率低，两者税率差幅往往很大。例如，美国对玩具的进口征收最惠国税率为6.8%，普通税率为70%。第二次世界大战后，大多数国家都加入关税与贸易总协定或者签订了双边的贸易条约或协定，相互提供最惠国待遇，享受最惠国税率，因此这种关税通常又被称为正常关税。

②进口附加税。除了征收一般进口税外，根据某种目的可再加征进口税。这种对进口商品除征收一般关税以外，再加征额外的关税，就叫作进口附加税。进口附加税通常是一种特定的临时性措施。其目的主要有：应付国际收支危机，维持进出口平衡；

防止外国（地区）商品低价倾销；对某个国家（地区）实行歧视或报复等。因此，进口附加税又称特别关税。

进口附加税是限制商品进口的重要手段。1971年上半年，美国出现了自1893年以来的首次贸易逆差，国际收支恶化。1971年8月15日，美国总统尼克松为了应付国际收支危机，实行"新经济政策"，宣布对外国商品的进口一律征收10%进口附加税，即在一般进口税上再加征10%附加税，以限制商品进口。

除了采用对所有进口商品征收进口附加税外，有时还针对个别国家和个别商品征收进口附加税。这种进口附加税主要有以下两种：

反补贴税：又称抵消税或补偿税，是对于接受奖金或补贴的外国（地区）商品进口所征收的一种进口附加税。进口商品在生产、制造、加工、买卖、输出过程中接受了奖金或补贴，并使进口国（地区）生产的同类产品遭受重大损害是构成征收反补贴税的重要条件。反补贴税的税额一般按"补贴数额"征收。其目的在于增加进口商品的成本，抵消出口国（地区）对该项商品所做补贴的鼓励作用。

反倾销税：是对于实行商品倾销的进口商品所征收的一种进口附加税。进口商品以低于正常价值的价格进行倾销，并对进口国（地区）的同类产品造成重大损害是构成征收反倾销税的重要条件。反倾销税的税额一般以倾销差额征收，其目的在于抵制商品倾销，保护本国的市场与工业。

③差价税。差价税又称差额税。当本国生产的某种产品国内价格高于同类的进口商品价格时，为了削弱进口商品的竞争能力，保护国内生产和国内市场，按国内价格与进口价格之间的差额征收关税，就叫差价税。由于差价税是随着国内外价格差额的变动而变动的，因此它是一种滑动关税。对于征收差价税的商品，有的国家（地区）规定按价格差额征收，有的国家（地区）规定在征收一般关税以外另行征收，这种差价税实际上属于进口附加税。例如，欧盟对冻牛肉进口先征收20%一般进口税，再根据每周进口价格与欧盟的内部价格变动情况征收变动不定的差价税。

④特惠税。特惠税是指对从某个国家或地区进口的全部商品或部分商品给予特别优惠的低关税或免税待遇，但它不适用于从非优惠国家或地区进口的商品。特惠税有的是互惠的特惠税（如1932年英联邦国家在渥太华会议上建立的英联邦特惠税），有的是非互惠的（如第二次世界大战后，西欧共同体市场与非洲、加勒比和太平洋地区一些发展中国家实行的洛美协定国家之间的特惠税。它是欧盟向参加协定的非洲、加勒比和太平洋地区的发展中国家单方面提供的特惠税）。

⑤普遍优惠制。普遍优惠制简称普惠制，是发展中国家在联合国贸易与发展会议上进行长期斗争，在1968年通过建立普惠制决议之后取得的。该决议规定，发达国家承诺对从发展中国家或地区输入的商品，特别是制成品和半制成品，给予普遍的、非歧视的和非互惠的关税优惠待遇，这种税称为普惠税。普惠制的主要原则是普遍的、

非歧视的、非互惠的。所谓普遍的，是指发达国家应对发展中国家或地区出口的制成品和半制成品给予普遍的优惠待遇。所谓非歧视的，是指应使所有发展中国家或地区都不受歧视、无例外地享受普惠制的待遇。所谓非互惠的，是指发达国家应单方面给予发展中国家或地区关税优惠，而不要求发展中国家或地区提供反向优惠。普惠制的目的是：增加发展中国家或地区的外汇收入；促进发展中国家或地区工业化；加速发展中国家或地区的经济增长率。

（2）出口税。出口税是出口国家（地区）的海关对本国（地区）产品输往国（地区）外时，对出口商品所征收的关税。目前大多数国家（地区）对绝大部分出口商品都不征收出口税，因为征收这种税势必会提高本国（地区）商品在国（地区）外市场上的销售价格，降低商品的竞争能力，不利于扩大出口。第二次世界大战后，征收出口税的国家主要是发展中国家，征收出口税的目的，或者是为了增加财政收入，或者是为了保证本国（地区）的生产或本国（地区）市场的供应。

以增加财政收入为目的的出口税，税率一般不高。例如拉丁美洲的一些国家（地区）的出口税一般征收 1% ~ 5% 左右。

以保护本国（地区）生产为目的的出口税，通常对于出口的原料征税。其目的在于保障国（地区）内生产上的需要和增加国（地区）外产品的生产成本，以加强本国（地区）产品的竞争能力。例如瑞典、挪威对于木材出口征税，以保护其纸浆及造纸工业。以保障国（地区）内市场供应为目的的出口税，除了对某些出口原料征收外，还对某些本国（地区）生产不足而需要量又较大的生活必需品征收，以抑制国（地区）内价格上涨。

（3）过境税。过境税又称通过税。它是一国（地区）对于通过其关境的外国（地区）货物所征收的关税。在资本主义生产方式准备时期，这种税制开始产生并普遍流行于欧洲各国。在19世纪后半期，由于交通运输事业的发展，各国（地区）在货运方面发生了激烈的竞争。同时，过境货物对本国（地区）生产和市场没有影响，所征税率也很低，财政意义不大。因此，各国（地区）相继废止了过境税。在1850年以后，资本主义国家间所签订的贸易条约中多明文规定缔约国一方的货物通过缔约国对方的领土时，一律免征过境税。1921年，资本主义国家在巴塞罗那签订的《过境自由的公约和规约》上便包括有废除一切过境税的条款。

第二次世界大战后，大多数资本主义国家都不征收过境税。《关税与贸易总协定》第5条明文规定："缔约国对通过其领土的过境运输……不应受到不必要的耽延或限制，并应对它免征关税、过境税或有关过境的其他费用。但运输费用以及相当于因过境而支出的行政费用或提供服务成本的费用，不在此限。"这项规定在世界贸易组织建立后继续有效。目前大多数国家（地区）在外国（地区）商品通过其领土时只征收少量的准许费、印花费、登记费和统计费等。

2. 按照征税的目的分类

（1）财政关税。财政关税又称收入关税，是指以增加国家（地区）的财政收入为主要目的而征收的关税。为了达到财政收入的目的，对进口商品征收财政关税时，必须具备以下条件：征税的进口货物必须是国内不能生产或无代用品而必须从国外输入的商品；征税的进口货物，在国内必须有大量消费；关税税率要适中或较低，若税率过高，将阻碍进口，达不到增加财政收入的目的。

关税的征收，最初目的多为获取财政收入。随着资本主义的发展，财政关税在财政收入中的重要性已相对降低，这一方面是由于其他税源增加，关税收入在国家财政收入中所占比重相对下降；另一方面是因为资本主义国家广泛地利用高关税限制外国商品进口，保护国内生产和国内市场，于是财政关税就为保护关税所代替。

（2）保护关税。保护关税是指以保护本国（地区）工业或农业发展为主要目的而征收的关税。保护关税税率要高，越高越能达到保护的目的，有时税率可高达100%以上，等于禁止进口，成为禁止关税。

保护关税可分为工业保护关税和农业保护关税。工业保护关税是为保护国（地区）内工业发展所征收的关税。工业保护关税原以保护本国（地区）幼稚工业为主要目的。一些经济较落后的国家（地区）往往采用保护关税，以保护和促进本国（地区）幼稚工业的发展。农业保护关税是为保护本国（地区）内农业发展所征收的关税。

3. 按照征税的一般方法或征税标准分类

依此分类，关税主要有从量税和从价税，在这两种主要征税方法的基础上，又有混合税和选择税。

（1）从量税。从量税是以商品的重量、数量、容量、长度和面积等计量单位为标准计征的关税。例如美国对薄荷脑的进口征收从量税，普通税率每磅征50美分，最惠国税率每磅征17美分。

从量税额的计算公式为：从量税额＝商品数量 × 每单位从量税。

在从量税确定的情况下，从量税额与商品数量的增减成正比关系，但与商品价格无直接关系。按从量税方法征收进口税时，在商品价格下降的情况下，加强了关税的保护作用。反之，在商品价格上涨的情况下，用从量税的方法征收进口税，则不能完全达到保护关税的目的。这是因为商品价格上涨，而进口税额不变，所以财政收入相对减少，保护作用也随之减弱。

第二次世界大战以前，资本主义国家普遍采用从量税的方法计征关税。战后由于商品种类、规格日益繁杂和通货膨胀加剧，于是大多数资本主义国家都采用从价税的方法计征关税。

（2）从价税。从价税是以进口商品的价格为标准计征一定比率的关税，其税率表现为货物价格的百分率。例如美国对羽毛制品的进口征收从价税，普通税率为60%，最惠国税率为 4.7%。

从价税额的计算公式为：从价税额＝商品总值 × 从价税率。

从价税额与商品价格有直接关系。它与商品价格的涨落成正比关系，会随着商品价格的变动而变动，所以它的保护作用与价格有着密切关系。如在价格下跌的情况下，从价税率不变，从价税额相应减少，因此保护关税作用也有所下降。

一般说来，从价税有以下几个优点：①从价税的征收比较简单，对于同种商品，无须因其品质的不同而详加分类；②税率明确，便于比较各国税率；③税收负担较为公平，因为从价税额随商品价格与品质的高低而增减，较符合税收的公平原则；④在税率不变时，税额随商品价格上涨而增加，既可增加财政收入，又可起到保护关税的作用。但在征收从价税时，较为复杂的问题是如何确定进口商品的完税价格。完税价格是经海关审定作为计征关税的货物价格，是决定税额多少的重要因素。因此，如何确定完税价格是十分重要的。《关税与贸易总协定》第 7 条作了具体规定："海关对进口商品的估价，应以进口商品或相同商品的实际价格，而不得以国内产品的价格或者以武断的或虚构的价格，作为计征关税的依据。""实际价格"是指"在进口国立法确定的某一时间和地点，在正常贸易过程中于充分竞争的条件下，某一商品或相同商品出售或兜售的价格"。当实际价格无法按上述的规定确定时，"海关估价应以可确定的最接近于实际价格的相当价格为依据"。

（3）混合税。混合税又称复合税，是对某种进口商品采用从量税和从价税同时征收的一种方法。混合税额的计算公式为：混合税额＝从量税额＋从价税额。混合税可分为两种：一种是以从量税为主加征从价税；另一种是以从价税为主加征从量税。

（4）选择税。选择税是对于一种进口商品同时定有从价税和从量税两种税率，在征税时选择其税额较高的一种征税。例如，日本对进口的坯布征收协定税率 7.5% 或每平方米 2.6 日元，择其高者征收。但有时为了鼓励某种商品进口，海关也会选择其中税额低者征收。

三、非关税壁垒措施

（一）非关税壁垒的定义和特点

非关税壁垒是指关税以外的一切限制进口的各种措施。它是与关税壁垒相对而言的。在 20 世纪 30 年代资本主义世界性经济危机时期，商品价格暴跌，仅仅通过大幅度提高关税税率，难以有效限制商品进口。因此，各国开始广泛采用非关税壁垒措施。非关税壁垒与关税壁垒都有限制进口的作用，但是，两者相比较，非关税壁垒具有以下特点：

1. 非关税壁垒比关税壁垒具有更大的灵活性和针对性

一般说来，各国制定关税税率必须通过立法程序，并像其他法律一样具有一定的延续性。若要调整或更改税率，需通过较为烦琐的法律程序和手续。这种立法程序与手续往往迂回迟缓，在需要紧急限制进口时往往难以适应。同时，关税在同等条件下，还受到最惠国待遇条款的约束，从有协定的国家（地区）进口的同种商品适用最惠国税率，因而较难在税率上作灵活的调整。但在制定和实施非关税壁垒措施上，通常采用行政程序，制定手续比较迅速，制定的程序也较简便，能随时针对某国（地区）的某种商品采取或更换相应的限制进口措施，较快达到限制进口的目的。

2. 非关税壁垒比关税壁垒更能直接达到限制进口的目的

关税壁垒通过征收高额关税，提高进口商品成本和价格，削弱进口商品竞争能力，间接达到限制进口的目的。如果出口国（地区）采用出口贴补、商品倾销等办法降低出口商品成本和价格，关税往往较难起到限制商品进口的作用。但进口配额等一些非关税措施可以预先规定进口的数量和金额，超过限额就直接禁止进口，就能把超额的商品拒之门外，达到了关税壁垒未能达到的目的。

3. 非关税壁垒比关税壁垒更具有隐蔽性和歧视性

一般说来，关税税率确定后，往往以法律形式公布于众，依法执行。出口商通常比较容易获得有关税率的信息，但是一些非关税壁垒措施往往不公开，或者规定极为烦琐复杂的标准和手续，使进出口商难以对付和适应。以技术标准而论，一些国家（地区）对某些商品质量、规格、性能和安全等制定了极为严格、烦琐和特殊的标准，检验手续烦琐复杂，而且经常变化，使外国（地区）商品难以对付和适应。因而往往由于某一项规定不符，商品便不能进入对方的市场销售。同时，一些国家（地区）往往针对某个国家（地区）采取相应的限制性的非关税壁垒措施，大大加强了非关税壁垒的差别性和歧视性。

（二）非关税壁垒的主要种类

从对进口限制的作用上，非关税壁垒可分为直接和间接两大类。前者指进口国（地区）直接对进口商品的数量和金额加以限制或迫使出口国（地区）直接按规定的出口数量或金额限制出口，如进口配额制、进口许可证制和"自动"出口限制等；后者指进口国（地区）未直接规定进口商品的数量或金额，而是对进口商品制定严格的条例，间接地影响和限制商品的进口，如进口押金制、最低限价制、海关估价制、繁苛的技术标准、安全卫生检疫和包装标签规定等。

从对进口不同的法令和实施上，非关税壁垒可以分为以下几种：从直接限定进口数量和金额的实施上来限制进口的措施，例如进口配额制、"自动"出口配额制、进口许可证制等；从国家直接参与进出口经营上来限制进口的措施，例如进出口国家垄断、政府采购政策等；从外汇管制的实施上来限制进口的措施，例如数量性外汇管制和成本性外汇管制等；从海关通关程序上和对进口价格的实施上来限制进口的措施，例如海关估价制、烦琐的通关手续、征收国内税和进口最低限价等；从进口商品的技术性规定上来限制进口的措施，例如进口商品技术标准、卫生安全检疫规定、商品包装和标签规章等。

非关税壁垒措施名目繁多，现仅就几种重要的措施阐述如下：

1. 进口配额制

进口配额制又称进口限额制，是一国（地区）政府在一定时期（如一季度、半年或一年）内，对某些商品的进口数量或金额加以直接限制。在规定的期限内，配额以内的货物可以进口，超过配额不准进口，或者征收更高的关税或罚款后才能进口。它是世界各国（地区）实行进口数量限制的重要手段之一。

进口配额制主要有以下两种：

（1）绝对配额。在一定时期内，对某些商品的进口数量或金额规定一个最高额数，达到这个额数后，便不准进口。

（2）关税配额。对商品进口的绝对数额不加限制，而在一定时期内，对在规定配额以内的进口商品给予低税、减税或免税待遇；对超过配额的进口商品则征收较高的关税，或征收附加税、罚款。

2. "自动"出口配额制

"自动"出口配额制又称"自动"限制出口，也是一种限制进口的手段。所谓"自动"出口配额制是指出口国（地区）在进口国（地区）的要求或压力下，"自动"规定某一时期内（一般为3~5年）某些商品对该国（地区）的出口限制，在限定的配额内自行控制出口，超过配额即禁止出口。

"自动"出口配额制与绝对进口配额制在形式上略有不同。绝对进口配额制是由进口国（地区）直接控制进口配额来限制商品的进口，而"自动"出口限额是由出口国（地区）直接控制某些商品对指定进口国（地区）的出口。但是，就进口国（地区）来说，"自动"出口配额像绝对进口额一样，也起到了限制商品进口的作用。

"自动"出口配额制带有明显的强制性。进口国往往以商品大量进口使其有关工业部门受到严重损害，造成所谓"市场混乱"为理由，要求有关国家（地区）的出口实行"有秩序增长"，"自动"限制商品出口，否则就单方面强制限制进口。在这种情况下，一些出口国（地区）被迫实行"自动"出口限制。

3. 进口许可证制

进口许可证制是指进口国（地区）规定某些商品进口必须事先领取许可证，否则一律不准进口。

从进口许可证与进口配额的关系上看，进口许可证可以分为两种。一种为有定额的进口许可证，即国家有关机构预先规定有关商品的进口配额，然后在配额限度内，根据进口商的申请对于每一笔进口货物发给进口商一定数量或金额的进口许可证。例如，原联邦德国对纺织品实行进口配额制，每年分三期公布配额数量，配额公布后进口商可提出申请，获得进口许可证后即可进口。进口配额一旦用完，原联邦德国政府有关当局便不再发放进口许可证。一般说来，进口许可证是由进口国（地区）有关当局向提出申请的进口商颁发的，但也有将这种权限交给出口国（地区）自行分配使用的。另一种为无定额的进口许可证，即进口许可证不与进口配额相结合。资本主义国家有关政府机构预先不公布进口配额，对于有关商品进口许可证的颁发，只是在个别考虑的基础上进行，没有公开的标准，因此给正常贸易的进行造成了更大的困难，起到了更大的限制进口的作用。

从进口商品有无限制上看，进口许可证一般也可以分为两种。一种为公开一般许可证，又称公开进口许可证或一般许可证。它对进口国别或地区没有限制，凡列明属于公开一般许可证的商品，进口商只要填写公开一般许可证后，即可获准进口。因此属于这类许可证的商品实际上是"自由进口"的商品。另一种为特种进口许可证，又称非自动进口许可证，进口商必须向政府有关当局提出申请，经政府有关当局逐笔审查批准后才能进口。这种进口许可证，多数都指定进口国别或地区。为了区分这两种许可证所进口的商品，有关当局通常定期分别公布有关的商品项目并根据需要随时进行调整。

4. 外汇管制

外汇管制是指一国（地区）政府通过法令对国际结算和外汇买卖实行限制来平衡国际收支和维持本国货币汇价的一种制度。

在外汇管制下，出口商必须把他们出口所得到的外汇收入按官方汇率卖给外汇管制机关；进口商也必须在外汇管制机关按官方汇价申请购买外汇，本国（地区）货币的出入境也受到严格的限制等。这样，国家（地区）的有关政府机构就可以通过确定官方汇价、集中外汇收入和批汇的办法，控制外汇供应数量，来达到限制进口商品品种、数量和进口国别（地区）的目的。

外汇管制的方式较为复杂，一般可分为以下几种：

（1）数量性外汇管制。所谓数量性外汇管制，是指国家（地区）外汇管理机构对外汇买卖的数量直接进行限制和分配，旨在集中外汇收入、控制外汇支出、实行外汇分配，以达到限制进口商品品种、数量和国别（地区）的目的。一些国家实行数量性外汇管制时，往往规定进口商必须获得进口许可证后，方可得到所需的外汇。

（2）成本性外汇管制。所谓成本性外汇管制，是指国家（地区）外汇管理机构对外汇买卖实行复汇率制度，利用外汇买卖成本的差异，间接影响不同商品的进出口。

所谓复汇率制，是指一国（地区）货币的对外汇率不只有一个，而是有两个以上的汇率，其目的是利用汇率的差别来限制和鼓励某些商品进口或出口。

（3）混合性外汇管制。所谓混合性外汇管制，是指同时采用数量性和成本性的外汇管制，对外汇实行更为严格的控制，以影响商品进出口。

5. 进口和出口国家垄断

进口和出口国家垄断，是指在对外贸易中，对某些或全部商品的进出口规定由国家机构直接经营，或者是把某些商品进出口的专营权给予某些垄断组织。

通常各国（地区）的进口和出口的国家（地区）垄断主要集中在三类商品上面。第一类是烟和酒。这些国家（地区）的政府机构从烟和酒的进出口垄断中，可以获得巨大的财政收入。第二类是农产品。这些国家（地区）把对农产品的对外垄断销售作为国（地区）内农业政策措施的一部分。如美国的农产品信贷公司，就是资本主义世界最大的农产品贸易垄断企业。它高价收购国内的"剩余"农产品，然后以低价向国外倾销，或按照所谓"外援"计划向缺粮国家（主要是发展中国家）大量出口。第三类是武器。武器贸易多数是由国家垄断。

6. 歧视性政府采购政策

歧视性政府采购政策是指国家（地区）制定法令，规定政府机构在采购时要优先购买本国（地区）产品的做法。美国从 1933 年开始实行，并于 1954 年和 1962 年两次修改的《购买美国货法案》就是一例。它规定：凡是美国联邦政府所要采购的货物，应该是美国制造的，或是美国原料制造的。开始时，凡商品的成本有 50% 以上是在国外生产的，就称作外国货。接着该法案又作了修改，即在美国自己生产的数量不够，或者国内价格太高，或者不买外国货就会伤害美国利益的情况下，才可以购买外国货。优先采购美国商品的价格比国际市场价格约高出 6%～12%，但美国国防部和财政部常常采购比外国货贵 50% 的美国货。直到关贸总协定东京回合，美国签订了政府采购协议后才废除《购买美国货法案》。

许多国家都有类似的制度。英国规定通信设备和电子计算机要向本国公司采购。日本有几个省规定，政府机构需要的办公设备、汽车、计算机、电缆、导线、机床等不得采购外国产品。

7. 国内税

国内税是指在一国（地区）境内，对生产、销售、使用或消费的商品所应支付的捐税。一些国家（地区）往往采取国内税制度直接或间接地限制某些商品进口。这是一种比关税更灵活、更易于伪装的贸易政策手段。国内税通常是不受贸易条约或多边协定限制的。国内税的制定和执行属于本国（地区）政府机构的权限，有时甚至是地方政权机构的权限。

一些国家（地区）利用征收国内税的办法来抵制进口商品。例如，法国曾对引擎为 5 匹马力的汽车每年征收养路税 12.15 美元，对于引擎为 16 匹马力的汽车每年征收养路税高达 30 美元，而当时法国生产的最大型汽车为 12 匹马力。因此，实行这种税率的目的在于抵制进口汽车。

一些资本主义国家的消费税，对本国商品和进口商品也有区别。例如，美国、瑞士和日本对于进口酒精饮料征收的消费税都高于本国制品。

8. 进口最低限价制和禁止进口

有些国家（地区）采用所谓最低限价的办法来限制进口。最低限价就是一国（地区）政府规定某种进口商品的最低价格，凡进口货价低于规定的最低价格则征收进口附加税或禁止进口以达到限制低价商品进口的目的。例如，1985 年智利对绸坯布进口规定每公斤的最低限价为 52 美元，若低于此限价，将征收进口附加税。

当一些国家（地区）感到实行进口数量限制已不能走出经济与贸易困境时，往往会颁布法令，公布禁止进口的货单以禁止这些商品的进口，这就是禁止进口。

9. 进口押金制

进口押金制又称进口存款制。在这种制度下，进口商在进口商品时，必须预先按进口金额的一定比率和规定的时间，在指定的银行无息存入一笔现金，才能进口。这样就增加了进口商的资金负担，影响了资金的流转，从而起到了限制进口的作用。例如，第二次世界大战后意大利政府曾规定某些进口商品无论从任何一国（地区）进口，必须先向中央银行交纳相当于进口货值半数的现款押金，无息冻结 6 个月。据估计，这项措施相当于征收 5% 以上的进口附加税。芬兰、新西兰、巴西等国也实行这种措施。如巴西的进口押金制规定，进口商必须交纳与合同金额相等的为期 360 天的存款，方能进口。

10. 专断的海关估价制

海关为了征收关税，确定进口商品价格的制度为海关估价制。有些国家（地区）会根据某些特殊规定，提高某些进口货的海关估价，来增加进口货的关税负担，阻碍商品的进口，就称为专断的海关估价。用专断的海关估价来限制商品的进口，以美国最为突出。

长期以来，美国海关是按照进口商品的外国（地区）价格（进口货在出口国国内销售市场的批发价）和出口价格（进口货在来源国或地区市场供出口用的售价）两者之中较高的一种进行征税。这实际上提高了缴纳关税的税额。

为防止外国（地区）商品与美国同类产品竞争，美国海关当局对煤焦油产品、胶底鞋类、蛤肉罐头、毛手套等商品，依"美国售价制"这种特殊估价标准进行征税。这四种商品都是美国国内售价很高的商品，按照"美国售价制"标准征税，这些商品的进口税额大幅度提高。例如，某种煤焦油产品的进口税率为从价 20%，它的进口价格为每磅 0.50 美元，应缴进口税每磅 0.10 美元，但这种商品的"美国售价"每磅为 1.00 美元，按同样税率，每磅应缴纳进口税为 0.20 美元，即增加了一倍。这就有效地限制了该商品的进口。

"美国售价制"引起了其他国家的强烈反对，直到关贸总协定东京回合签订了《海关估价守则》后，美国才不得不废除这种制度。

11. 进口商品征税的归类

进口商品的税额取决于进口商品的价格大小与税率高低。在海关税率已定的情况下，税额大小除取决于海关估价外，还取决于征税产品的归类。海关将进口商品归在哪一税号下征收关税，具有一定的灵活性。进口商品的具体税号必须在海关现场决定，在税率上一般就高不就低。这就增加了进口商品的税收负担和不确定性，从而起到限制进口的作用。例如，美国对一般打字机不征收进口关税，但对玩具打字机，则要征收35%的进口关税。

12. 技术性贸易壁垒

所谓技术贸易壁垒，是指一国（地区）以维护国家（地区）安全、保护人类健康和安全、保护动植物的生命和健康、保护生态环境、防止欺诈行为、保证产品质量等为由，采取一些强制性或非强制性的技术性措施。这些措施成为其他国家（地区）商品自由进入该国（地区）的障碍。

技术贸易壁垒的构成包括：技术标准与法规、合格评定程序、包装和标签要求、产品检疫检验制度、信息技术壁垒和绿色技术壁垒等。这些技术贸易壁垒具有包罗万象的鲜明特性。

（1）广泛性。从产品角度看，不仅涉及资源环境与人类健康有关的初级产品，还涉及所有的中间产品和工业制成品，产品的加工程度和技术水平越高，所受的制约和影响也越显著；从过程角度来看，包括研究开发、生产、加工、包装、运输、销售和消费整个产品的生命周期；从领域角度来看，已从有形商品扩展到金融、信息等服务贸易、投资、知识产权及环境保护等各个领域。技术贸易壁垒措施的表现形式也涉及法律、法令、规定、要求、程序、强制性或自愿性措施等各个方面。

（2）系统性。技术贸易壁垒是一个系统，不仅包括世贸组织《技术性贸易壁垒协议》规定的内容，还包括《实施动植物卫生检疫措施的协议》《服务贸易总协定》等规定的措施，另外《建立世界贸易组织的协议》《补贴和反补贴措施协定》《农业协定》《与贸易有关的知识产权协定》等都对环境问题进行了规定。除世贸组织以外的其他国际公约、国际组织等规定的许多对贸易产生影响的技术性措施，也都属于技术贸易壁垒体系的范畴。

（3）合法性。目前国际上已签订150多个多边环保协定。发达国家积极制定技术标准和技术法规，为技术贸易壁垒提供法律支持。比如美国职业安全与健康管理局、消费品安全委员会、国家环境保护局、联邦贸易委员会、商务部、能源部等都各自颁布有关法规，包括《联邦危险品法》《家庭冷藏法》《控制放射性的健康与安全法》《植物检疫法》《联邦植物虫害法》《动物福利法》等，其中有些条例是专门针对进口国家或商品而制定的。世贸组织也正在制定国际性的技术标准和技术法规，一旦通过，技术贸易壁垒便有了形式上的合法性，将对发展中国家产生很大影响。

（4）双重性。实行技术贸易壁垒有其合理性，即真正为了实现规定的合法目标是可以采取合适的壁垒措施的。正常的技术贸易壁垒是指合法、合理地采取技术性措施以达到合理保护人类健康和安全及生态环境的目的，如禁止危险废物越境转移可以保护进口国的生态环境，强制规定产品的安全标准可以保护消费者的健康甚至生命；但另一方面，一些国家，特别是美国、日本、欧盟等凭借其自身的技术、经济优势，制定比国际标准更为苛刻的技术标准、技术法规和技术认证制度等，以技术贸易壁垒之名，行贸易保护主义之实。

（5）隐蔽性和灵活性。技术贸易壁垒与其他非关税壁垒如进口配额、许可证等相比，不仅隐蔽地回避了分配不合理、歧视性等分歧，而且各种技术标准极为复杂，往往使出口国（地区）难以应付和适应。技术贸易壁垒措施对国别没有限制，一视同仁，不存在配额问题。另外，技术贸易壁垒措施是以高科技的技术标准为基础，科技水平不高的发展中国家难以做出判断。一些技术标准还具有不确定性，而且涉及面很广，令人无从谈起、无法把握，很难全面顾及。同时，把贸易保护的实现转移到人类健康保护上，有很大的隐蔽性和欺骗性。由于技术贸易壁垒措施具有不确定性和可塑性，因此在具体实施和操作时很容易被发达国家用来对外国产品制定针对性的技术标准，对进口产品随心所欲地刁难和抵制。

（6）争议性。各国（地区）采取的技术贸易壁垒措施（特别是绿色技术壁垒措施）经常变化，且各国（地区）差异较大，使发展中国家的出口厂家难以适应。比如法国规定服装含毛率只需达到85%以上就可以算纯毛服装了；比利时则规定纯毛服装含毛率必须达到97%；德国要求更高，含毛率必须达到99%时，才能称为纯毛服装。

由于技术贸易壁垒涉及面非常广泛，有些还相当复杂，加上其形式上的合法性和实施过程中的隐蔽性，所以不同国家（地区）从不同角度有不同的评定标准，因而国（地区）与国（地区）之间相互较难协调，容易引起争议，并且解决争议的时滞较长。20世纪70年代后，国际经济领域贸易战主要集中于一般商品贸易领域，而现在国际贸易战主要集中于技术贸易壁垒方面。

第三节　国际直接投资理论

一、技术差距理论

技术差距理论又称技术间隔理论，是由美国经济学家M.V.波斯纳提出、格鲁伯和弗农等人进一步论证的关于技术领先的国家具有较强开发新产品和新工艺的能力，形成或扩大了国际技术差距，而有可能暂时享有生产和出口某类高技术产品的比较优势的理论。

波斯纳于1961年在《牛津经济论丛》10月号上发表了一篇题为《国际贸易和技

术变化》的论文。他在论文中指出，实行技术革新的国家，在一定时期内由于拥有新技术而在某种商品生产上处于世界垄断地位，在这种情况下，世界其他国家与该国之间存在一个技术差距，因而引起这种产品的国际贸易。由于这种技术会通过转让专利权、直接投资、国际贸易产生示范效应等流传到其他国家，随着时间的推移，其他国家也会掌握新技术而使技术差距消失，这样，因技术差距而产生的国际贸易将逐渐缩小，并在其他国家能够生产出满足其全部需要的产品时完全终止。

波斯纳把从技术差距产生到技术差距引起的国际贸易完全终止之间的时间间隔称为模仿滞后时期，全期又分为两个阶段：反应滞后阶段和掌握滞后阶段。反应滞后阶段初期则又称为需求滞后阶段。所谓反应滞后阶段，是指技术革新国家开始生产新产品到其他国家模仿其技术开始生产这种新产品的时间间隔。掌握滞后阶段指其他国家开始生产新产品到该国此新产品进口为零之间的时间间隔。至于需求滞后，则指新技术发明国家开始新产品生产到开始新产品出口之间的时间间隔。

在波斯纳看来，需求滞后阶段一般短于反应滞后阶段。反应滞后阶段的长度主要取决于企业家的决定意识和规模利益、关税、运输成本、国外市场容量及居民收入水平高低等因素。如果技术革新国（地区）在扩大新产品生产中能够获得较多的规模利益，运输成本较低，进口国（地区）的关税税率较低，进出口国（地区）市场容量或居民收入水平差距较小，就有利于保持其出口优势，延长反应滞后阶段，否则这种优势就容易打破，反应滞后阶段将缩短。掌握滞后阶段的长度主要取决于模仿国（地区）吸收新技术能力的大小，需求滞后阶段的长度主要取决于两国（地区）的收入水平差距和市场容量差距，差距越小则该阶段长度越短。

波斯纳同时还认为，人力资本是过去对教育和培训进行投资的结果，因而可以将其作为一种资本或独立的生产要素；技术是过去对研究与发展进行投资的结果，也可以作为一种资本或独立的生产要素。但是，由于各国对技术的投资和技术革新的进展不一致，因而存在着一定的技术差距。这样就使得技术资源相对丰裕的或者在技术发展中处于领先的国家（地区），有可能享有生产和出口技术密集型产品的比较优势。

二、产品生命周期理论

产品生命周期理论由美国经济学家雷蒙德·弗农提出，并由威尔士等人加以发展。它是关于产品生命不同阶段决定生产与出口该产品的国家转移理论。

弗农在论述技术差距理论的基础上，将一种国内市场营销学的概念引入国际贸易理论，认为许多新产品的生命周期会经历三个时期：

（一）产品创新时期

少数在技术上领先的创新国家的创新企业首先开发新产品，新产品开发出来后便在国内投入生产，这是因为国内拥有开发新产品的技术条件和吸纳新产品的国内市场。该创新企业在生产和销售方面享有垄断权。新产品不仅满足了国内市场需求，而且出口到与创新国家收入水平相近的国家和地区。在这时期，创新企业几乎没有竞争对手，企业竞争的关键也不是生产成本，同时国外还没有生产该产品，当地对该新产品的需求完全靠该创新国家企业的出口来满足。

（二）产品成熟时期

随着技术的成熟，生产企业不断增加，企业之间的竞争性增强了，产品的成本和价格变得日益重要。与此同时，随着国外该产品市场的不断扩展，国外出现了大量仿制者。这样一来，创新国家企业的生产不仅面临着国内原材料供应相对或绝对紧张的局面，而且还面临着产品出口运输能力和费用的制约、进口国家的种种限制及进口国家企业仿制品的取代。在这种情况下，企业若想保持和扩大对国外市场的占领就必须选择对外直接投资，即到国外建立子公司，在当地生产并销售，在不大量增加其他费用的同时，由于利用了当地各种廉价资源，减少了关税、运费、保险费用的支出，大大降低了产品成本，因而增强了企业产品的竞争力，巩固和扩大了市场。

（三）产品标准化时期

在这一时期，技术和产品都已实现标准化，参与此类产品生产的企业日益增多，竞争更加激烈，产品成本与价格在竞争中的作用十分突出。在这种情况下，企业通过对各国市场、资源、劳动力价格进行比较，选择生产成本最低的地区建立子公司或分公司从事产品的生产活动。此时由于发达国家劳动力价格较高，生产的最佳地点从发达国家转向发展中国家，所以创新国的技术优势已不复存在，国内对此类产品的需求转向从国外进口，创新企业若想继续保持优势，选择只有一个，即进行新的发明创新。

如果从产品的要素密集性上看，不同时期产品存在不同的特征。在产品创新时期，需要投入大量的科研与开发费用，这时期的产品要素表现为技术密集型。在产品的成熟时期，知识技术的投入减少，资本和管理要素投入增加，高级的熟练劳动投入越来越重要，这时期的产品要素表现为资本密集型。在产品的标准化时期，产品的技术趋于稳定，技术投入更是微乎其微，资本要素投入虽然仍很重要，但非熟练劳动投入大幅度增加，产品要素密集性也随之改变。在产品生命周期的不同时期，由于要素密集性不同、产品所属类型的不同、技术先进程度的不同以及产品价格的不同，各种不同类型的国家所具有的比较利益不同，因而"比较利益也就从一个拥有大量熟练劳动力的国家转移到一个拥有大量非熟练劳动力的国家"，产品的出口国也随之转移。

这种产品生命周期理论，目前已在产品开发和市场营销方面得到广泛的应用，但当初弗农等人提出这种理论，主要是用于解释美国的工业制成品生产和出口变化情况。因此，他们把产品生命周期分为四个阶段，建立了一个产品周期四阶段模式：

（1）美国垄断新产品的生产和出口阶段。新产品的生产技术为美国所垄断，美国生产全部的新产品。随着生产规模的扩大，新产品的供应增加，不仅在国内市场销售，而且出口到欧洲、日本等发达国家。

（2）外国厂商开始生产并部分取代该产品进口阶段。欧洲、日本等发达国家和地区开始生产该种新产品，美国仍控制新产品市场，并开始向发展中国家出口新产品。在这个阶段，该种新产品的技术差距在美国与欧、日等发达国家和地区之间逐步缩短，欧、日等发达国家和地区不断扩大该产品的自给率，因此，美国对这些发达国家出口会有所下降，但对世界市场的其他大部分国家即发展中国家的出口仍在增多。

（3）美国以外的国家参与新产品出口市场的竞争阶段。随着新产品间技术差距进一步缩小，美国在该产品生产中的技术优势完全丧失，欧、日等发达国家和地区开始成为新产品的主要出口国，在一些第三国市场上与美国产品进行竞争，并逐渐取代美国货占领这些市场。

（4）外国产品在美国市场上与美国产品竞争阶段。在这个阶段，欧洲、日本等发达国家和地区生产规模急剧扩大，竞争优势明显，成为新产品主要供应者，发展中国家也逐渐掌握新产品生产技术，开始生产和销售，欧、日等国家和地区对美国大量出口该种产品，美国成为该种产品的净进口国。这一个产品在美国的整个生命周期，也就宣告终结。

事实上，在该种新产品处于第二、第三阶段时，美国已经开始其他新产品的创新和生产了。也就是说，另一新产品周期又开始了。因此，制成品的生产和贸易表现为周期性运动。

总之，产品生命周期理论是一种动态经济理论。从产品要素密集性的角度来看，产品生命周期的不同时期，其生产要素比例会发生规律性变化。从不同国家的角度来看，产品生命周期的各个时期，其比较利益将从某一国家转向另一国家，这就使得赫一俄静态的要素比例说变成一种动态要素比例说。

制成品贸易的特征如此，那么在国际贸易中占有重要地位的原料贸易的特征又是如何呢？1978年，梅基和罗宾斯将产品生命周期理论运用于对原料贸易的分析，提出了原料贸易周期说。

梅基和罗宾斯将原料周期划分为三个阶段。第一阶段是"派生需求上涨"时期。某种产品的需求大量增加会引起该种产品生产所需要的原料需求的增加，原料价格将大幅度上升。第二阶段是"需求和供给来源的替代"时期。世界上天然原料的供给提供了更多可选择的来源、产品的原有原料将被相对较便宜的替代品所取代。原料价格的上涨幅度缓慢下来，甚至出现实际下降的情况。第三阶段是"人工合成和研究与开发"时期。研究与开发最终推动人工代用品的发展，或者出现节约使用原料的重要方法。原料进入生命末期。

从原料贸易的流向来看，其呈现出与工业制成品贸易流向正好相反的过程特征。

在第一阶段，少数具有自然优势的发展中国家是产品原料的主要供给者，而发达国家则是原料的主要进口者。在第二阶段，其他发展中国家加速开发原料生产，利用自己的劳动力优势逐渐取代原有的少数原料出口优势国家，成为国际市场原料的主要出口者。在第三阶段，发达国家的技术进步优势开始作用于原料，出现了合成原料，原料供应的优势从发展中国家转向了发达国家。这些发达国家还开始出口合成原料。

通过对原料贸易周期的分析，梅基得出了一些重要结论：

第一，在原料贸易初期，发展中国家因为拥有对发达国家来说非常重要的原料而居主导地位；但在原料贸易末期，发达国家逐渐成为原料市场的控制者。

第二，技术突破既决定了在原料生命周期之初对天然原料需求的剧增，也决定了在其生命的晚期对天然原料需求的下降。

第三，全世界天然原料供给的最终耗竭并不意味着它的供应全部断绝。

第四，原料的贸易条件在原料周期的第一阶段随着需求的增加而改善；但在生命周期的后期，天然原料的贸易条件却随着人工合成原料和其他代用品的投产而下降。

第五，在处于原料贸易中断的非常时期，原料替代品的研究和开发具有特别重大的意义。因此，技术进步是对天然原料贸易的一种替代。

近百年来，橡胶、锡、工业钻石等世界主要初级原料的国际贸易模式及其演变过程基本上验证了原料贸易周期说的正确性。但是，梅基也认为原料贸易周期说不能一概而论，对不同原料应具体分析。

三、垄断优势理论

1960年，美国学者海默在他的博士论文中提出了以垄断优势来解释对外直接投资的理论，之后美国学者金德尔伯格以及其他学者对这一理论进行了发展和补充。垄断优势理论是最早研究对外直接投资的独立理论，在这以前基本上没有独立的对外直接投资理论。

海默研究了美国企业对外直接投资的工业部门构成，发现直接投资和垄断的工业部门结构有关，美国从事对外直接投资的企业主要集中在具有独特优势的少数部门。美国企业走向国际化的主要动机是为了充分利用自己独占性的生产要素优势，以谋取高额利润。所谓独占性的生产要素是指企业所具有的各种优势，这些优势具体表现在技术先进、规模经济、管理技能、资金实力、销售渠道等方面。海默认为，其他国家的对外直接投资也与部门的垄断程度高低有关。他还分析了产品和生产要素市场的不完全性对对外直接投资的影响。在市场完全的情况下，国际贸易是企业参与国际市场或对外扩张的唯一方式，企业将根据比较利益原则从事进出口活动。但在现实生活中，市场是不完全的，这种产品和生产要素市场的不完全性为对外直接投资打开大门。所谓市场的不完全性指的是市场上存在着不完全竞争，如：关税和非关税壁垒的存在，少数卖主或买主能够凭借控制产量或购买量来影响市场价格现象的存在，政府对价格和利润的管制，等等。正是由于上述障碍和干扰的存在严重阻碍了国际贸易的顺利进行，减少了贸易带来的益处，从而导致企业利用自己所拥有的垄断优势通过对外直接投资参与国际市场。

四、内部化理论

内部化理论也称市场内部化理论，它是20世纪70年代以来西方跨国公司研究者为了建立所谓跨国公司一般理论时提出和形成的理论，是当前解释对外直接投资的一种比较流行的理论，有时也称其为对外直接投资的一般理论。这一理论是由英国学者巴克莱、卡森和加拿大学者拉格曼共同提出来的。

内部化是指企业内部建立市场的过程，以企业的内部市场代替外部市场，从而解决由于市场不完整而带来的不能保证供需交换正常进行的问题。内部化理论认为，由于市场存在不完整性和交易成本上升，因此企业通过外部市场的买卖关系不能保证企业获利，并导致许多附加成本。因此，建立企业内部市场即通过跨国公司内部形成的公司内市场，就能克服外部市场和市场不完整所造成的风险和损失。

内部化理论建立在三个假设的基础上：（1）企业在不完全市场上从事经营的目的是追求利润的最大化；（2）当生产要素特别是中间产品的市场不完全时，企业就有可能以内部市场取代外部市场，统一管理经营活动；（3）市场内部化的范围超越国界时就产生了多国公司。市场内部化的过程取决于四个因素：（1）产业特定因素，与产品性质、外部市场的结构和规模经济有关；（2）区位特定因素，如区位地理上的距离、文化差异和社会特点等；（3）国家特定因素，如有关国家的政治和财政制度；（4）公司特定因素，如不同企业组织内部市场的管理能力。在这四个因素中，产业特定因素是最关键的因素。因为如果某一产业的生产活动存在着多阶段生产的特点，那么就必然存在中间产品，若中间产品的供需在外部市场进行，则供需双方无论如何协调，也难以排除外部市场供需间的剧烈变动，于是为了克服中间产品的市场不完全性，就可能出现市场内部化。市场内部化会给企业带来多方面的收益。

五、边际产业扩张理论

日本著名经济学家小岛清在对日本与其他发达国家（主要是美国）对外直接投资问题的比较研究时，运用国际贸易的比较优势理论，于1977年提出了著名的"日本式"的对外直接投资理论，即所谓的"边际产业扩张理论"。

小岛清的"边际产业扩张理论"是在运用国际贸易理论中的赫克歇尔—俄林的要

素禀赋差异导致比较成本差异的原理来分析日本对外直接投资的基础上所提出来的。其主要内容包括：

（1）在对外直接投资的特点上，该理论认为，对外直接投资不仅是货币资本的流动，还是资本、技术、经营管理知识的综合体由投资国的特定产业部门的特定企业向东道国的同一产业部门的特定企业（子公司、合办企业）的转移过程，是投资国先进生产函数向东道国的转移和普及过程。

（2）在投资主体上，该理论认为对外直接投资应该从本国的边际产业（或边际性企业、边际性生产部门，这里的"边际"包括边际以下）开始依次进行。所谓"边际产业"（也称为"比较劣势产业"）是指在本国内已经或即将丧失比较优势，而在东道国具有显在或潜在比较优势的产业或领域。由于同大企业相比，中小企业更易趋于比较劣势，成为"边际性企业"，因此中小企业更要进行对外直接投资。

（3）在投资方式上，该理论主张应从与对方国家（即东道国）技术差距最小的产业或领域依次进行投资，不以技术优势为武器，不搞拥有全部股份的"飞地"式的子公司，而采取与东道国合办公司形式，或者采用像产品分享那样的非股权安排方式。

（4）在投资的国别选择上，该理论积极主张向发展中国家进行工业投资，并且要从差距小、容易转移的技术开始，按次序进行。在小岛清看来，从比较成本原理的角度看，日本向发达国家（美国）的投资是不合理的。他认为，几乎找不出有什么正当理由来解释日本要直接投资美国小汽车等产业，如果说有，那也仅限于可以节省运费、关税及贸易障碍性费用以及其他交易费用等。与其这样，不如由美国企业向日本的小型汽车生产进行投资，日本企业向美国的大型汽车生产进行投资，即实行所谓"协议性的产业内部交互投资"。

（5）在投资的目的和作用上，该理论认为对外投资的目的在于振兴并促进东道国的比较优势产业，特别是要适应发展中国家的需要，依次移植新工业、转让新技术，从而分阶段地促进其经济的发展。对外投资应起"教师的作用"：应当给当地企业带来积极的波及效果，使当地企业提高劳动生产率，教会并普及技术和经营技能，使当地企业家能够独立进行新的生产。在成功地完成了教师的作用之后，就应该分阶段转让所有权。

（6）在投资与贸易的关系上，"日本式"的对外直接投资所带来的不是取代贸易（替代关系），而是互补贸易、创造和扩大贸易。也就是说，这种投资不会替代投资国国内同类产品的出口，反而会带动相关产品的出口，是一种顺贸易导向型的对外直接投资。为什么会这样呢？因为这种投资将投资国技术、管理等优势移植到东道国，使东道国生产效果得到改善，生产成本大大降低，创造出盈利更多的贸易机会。对比于投资发生之前，投资国可以以更低的成本从东道国进口产品，且扩大进口规模，给东道国留下更多的利益。

小岛清的"边际产业扩张理论"是在当时的国际对外直接投资理论无法解释和指导日本的对外投资活动的背景下提出的。实践证明，它对日本的对外直接投资的确起到了积极的促进作用。甚至在今天，日本对一些发展中国家的投资中很少出口高技术，可能就是受到"小岛理论"中的"从技术差距最小的产业依次进行移植"影响。

六、国际生产折衷理论

国际生产折衷理论又称国际生产综合理论，是 20 世纪 70 年代由英国著名跨国公司专家、英国雷丁大学国际投资和国际企业教授邓宁提出的。

邓宁认为，自 20 世纪 60 年代以来，国际生产理论主要沿着三个方向发展：① 以垄断优势理论为代表的产业组织理论；② 以阿拉伯的安全通货论和拉格曼的证券投资分散风险为代表的金融理论；③ 厂商理论即内部化理论。但上述三种理论对国际生产的解释是片面的，没有能够把国际生产与贸易或其他资源转让形式结合起来分析。国际生产折衷理论吸收了上述三种理论的主要观点，并结合区位理论解释跨国公司从事国际生产的能力和意愿，解释它们为什么在对外直接投资、出口或许可证安排这三种参与国际市场的方式中选择对外直接投资。这一理论目前已成为世界上在对外直接投资和跨国公司研究领域中最有影响的理论，并被广泛用于分析跨国公司对外直接投资的动机和优势。

国际生产折衷理论认为，一个企业要从事对外直接投资必须同时具有三个优势，即所有权优势、内部化优势和区位优势。

（1）所有权优势主要是指企业所拥有的大于外国企业的优势。它主要包括技术优势、企业规模优势、组织管理优势、金融和货币优势以及市场销售优势等。

（2）内部化优势是指企业在通过对外直接投资将其资产或所有权内部化过程中所拥有的优势。也就是说，企业将拥有的资产通过内部化转移给国外子公司，可以比通过市场交易转移获得更多的利益。企业到底是选择资产内部化还是资产外部化取决于理论的比较。

（3）区位优势是指企业在具有上述两个优势以后，在进行投资区位要素选择上是否具有优势，也就是说可供投资地区是否在某些方面较国（地区）内有优势。区位优势包括：劳动成本、市场需求、自然资源、运输成本、关税和非关税壁垒、政府对外国投资的政策等方面的优势。

如果一家企业同时具有上述三个优势，那么它就可以进行对外直接投资。这三种优势的不同组合，还决定了对外直接投资的部门结构和国际生产类型。

第四节　国际竞争力理论

一、需求偏好相似理论

"需求偏好相似说"又称"偏好相似说"或"收入贸易说",是由瑞典经济学家林德提出的用国家之间需求结构相似来解释工业制成品贸易发展的理论。他认为赫—俄原理只适用于工业制成品和初级产品之间的贸易,而不能适用于工业制成品之间的贸易。这是因为前者的贸易发展主要是由供给方面决定的,而后者的贸易发展主要是由需求方面决定的。林德认为,工业制成品的生产初期只是满足国内的需求,只有国内市场大到可以使工业得到规模经济和竞争的单位成本时,才会想到扩大销售范围,将产品推向国际市场。由于该产品是为满足国内市场喜好和收入水平而生产的,故该产品较多的是出口到那些喜好相似的国家。这些国家的需求结构和需求偏好越相似,其贸易可能性也越大。

那么,影响一国需求结构的因素是什么?林德认为主要因素是人均收入。一国的需求结构和人均收入是直接相关的。人均收入越相似的国家,其消费偏好和需求结构越相近,产品的相互适应性就越强,贸易交往也就越紧密。

林德认为,人均收入水平和消费品、资本品的需求类型有着紧密的联系。人均收入水平较低的国家,人们选择的消费品质量也较低,因为他们要让有限的收入满足多样化的需求;同时,为了实现充分就业和掌握生产技术,这些国家也只能选择通用的技术、简单的设备,这又导致了这些国家消费品结构的低级化。人均收入水平较高的国家,人们选择的消费品质量与档次较高,而资本设备需求结构也必须更先进、更高级。因此,人均收入水平相同的国家之间的贸易范围可能是最大的,而人均收入水平的差异却是贸易发展的潜在障碍。这就是说,即使一个国家拥有比较优势产品,但由于其他国家的收入水平与其不同,而对其产品没有需求,这种比较优势的产品就不能成为贸易产品。

二、产业内贸易理论

产业内贸易理论是 20 世纪 70 年代中期以来兴起的国际贸易理论。从 1967 年起,国际经济学家格鲁贝尔以及其他一些西方学者,在一些论文中开始研究"同产业贸易"现象。1975 年,格鲁贝尔和劳埃德合著了《产业内贸易:差别化产品国际贸易的理论与度量》,较系统地论述了这一理论。以后,该理论又得到学术界的补充和深化。

该书把当代国际贸易分为两大类。一是产业间贸易，这是在具有完全不同类型的生产要素禀赋的国家之间进行的贸易。如发展中国家用初级产品来交换发达国家的工业制成品。这类贸易可以用传统的要素禀赋论加以解释。二是产业内贸易，这是具有相同相似生产要素的国家进行的贸易。如美国和日本之间进行的电子产品和小汽车的贸易。这类贸易就要用新的产业内贸易理论来解释。

产业内贸易理论由"国际产品异质性""需求偏好相似""规模经济优势"三个原理作为支柱。它们之间的关系是：产品异质性有可能满足不同层次、不同习惯消费者的需求，因而是产业内贸易的动因；需求偏好相似有利于厂商克服由于社会政治制度、政策、文化不同而造成的市场隔离，便于产品进入外国的市场，因而是产业内贸易的保证；规模经济优势能让可进行大规模生产的国家在产品成本方面有竞争优势，有条件占领国外市场而获利，因而是产业内贸易的利益来源。对这"三根支柱"，现分述如下：

（1）国际产品的异质性是产业内贸易的动因。同种产品在款式、质量、性能、售前售后服务以及商标和牌号都是有差异的。如小轿车，美国产品以华丽、耐用为特点，能满足消费者显示身份的偏好；日本产品以轻巧、节能、廉价为特色，其实用性很受一部分消费者的欢迎。于是同一种产品就会因异质性而使两国同时出口又进口。一种商品的相异产品称为变体，生产技术越发展，就会有更多的变体可以潜在地生产出来。技术进步日新月异，导致产品种类多样化、产品的潜在系列不断发展。产品在国际竞争中往往要以其某一方面的特色吸引消费者。各种相异产品都因受一些消费者喜好而有存在的价值。相异产品种类越多，消费者可选择余地越大，社会福利越高，于是推动了两国互相进口对方的变体。

（2）需求偏好相似是产业内贸易的保证。这是林德理论的应用。随着科技革命的不断发展，新产业、新产品不断涌现，使国际化生产规模不断扩大，这就造成发展水平相近的发达国家之间贸易往来更加频繁。

（3）规模经济优势是产业内贸易的利益来源。对于规模经济在国际贸易中的作用，存在着这样一个问题：如果两国的要素禀赋基本相同或相近，贸易利益从何而来？产业内贸易理论认为贸易利益可以来自于规模经济收益。

大公司的规模经济产生了有竞争力的公司内部效应。在其他条件不变时，大公司能更好地克服生产的不可分割性，使生产能力得到更充分的利用，或者说能使用更专业化、更有效率的设备；同时，部分一般管理费并不随着生产规模而变化，每单位成本会随着生产增加而下降。在这种情况下，规模经济代替了"资源丰裕"而产生出口竞争优势，成为获得贸易利益的来源。

当然，规模经济优势要成为贸易利益来源还必须有三个前提：①产业内的产品存在着广泛的有差异的产品系列；② 存在着不完全竞争市场，异质产品间具有垄断竞争性；③ 产品的生产收益可随着规模扩大而递增。

三、竞争优势理论

20世纪80年代到90年代期间，哈佛大学商学院教授迈克尔·波特出版的《竞争战略》《竞争优势》《国家竞争优势》三本书，引起了西方经济学界和企业界的高度重视。前两本著作主要针对产业如何在竞争中获得优势进行深入研究，而《国家竞争优势》则在此基础上提出"一国兴衰的根本在于能否在国际竞争中赢得优势"。

这一理论的产生以美国国际经济的地位变化为背景。在二战后20年里，美国经济实力强盛，居世界领先地位。此后，由于其他西方国家经济的高速增长，美国各项经济指标在世界经济中的比重不断下降。20世纪70年代以后，西欧共同市场的形成和势力壮大、日本的崛起，都对美国在国际经济中的地位形成严重威胁。美国在国际市场上的竞争优势严重削弱，连新兴工业化国家都在夺取美国商品在世界市场上的份额。20世纪80年代，世界经济贸易领域的竞争进一步严峻，美国的对外贸易逆差和国际收支赤字有不断增大之势。美国正像一个弱者一样不断乞灵于贸易保护主义。在这种情况下，怎样才能保持昔日的竞争优势，成为美国朝野都关注的问题，波特的理论正是适应这一客观要求而提出的。

（一）优势及其决定因素

1. 竞争力和竞争优势

波特认为，一国在国际贸易中的竞争力取决于生产力发展水平。出口成本低的国家、有大量贸易顺差的国家以及在世界出口贸易总额中比重不断上升的国家，都不一定有很强的竞争力。有的国家实行货币贬值，一时扩大了出口；有的国家被动地采取低成本、低价出口方式，都不能说竞争力很强。中东国家靠出口原油及其制品获得贸易顺差，但其国家竞争力并不强。中国出口贸易额自20世纪80年代以来增长较快，但出口商品的竞争力并不是很强。而日本的贸易顺差则是靠竞争力强赢得的。因此，一国的竞争优势，实质上是生产力发展水平上的优势。

2. 创新机制的三个层面

波特认为：一国兴衰的根本在于能否赢得国际竞争的优势，而国家竞争优势取得的关键在于国家是否具有适宜的创新机制和充分的创新能力。创新机制可以分三个层面来分析。

（1）微观竞争机制。国家竞争优势的基础是企业内部活力，企业缺少活力不思进取，国家就难以树立整体优势。能使企业获得长期赢利能力的创新，应当是在研究、开发、生产、销售、服务各环节上能使产品增值的创新。企业要在整个经营过程的升级上下功夫，在强化管理、研究开发、提高质量、降低成本等方面实行全面改革。

（2）中观竞争机制。企业的创新不仅取决于企业内部要素，还取决于产业与区域。企业经营过程的升级有赖于企业的前向、后向和旁侧关联产业的辅助与支持。企业追求长远发展要有空间战略，把企业的研究开发部门、生产部门和销售服务部门按一定的方式组合与分割，分别置于最适当的地区。

（3）宏观竞争机制。个别企业、产业的竞争优势并不必然导致国家竞争优势。国家整体优势取决于四个基本因素和两个辅助因素的整合作用。

3. 宏观竞争机制的基本因素

（1）生产要素状况。波特将生产要素分为五类，即人力资源、（自然）物质资源、资本资源、基本设施、知识资源。从产生机制和所起作用看，又可分为基本要素和推进要素。前者指一国先天拥有或不用太大代价就能得到的要素，如自然资源、非熟练劳动力及地理位置；后者指通过长期投资或培育才能创造出来的要素，如高质量人力资源、高技术等。一国若有两类要素的优势，在国际竞争中就一定是强者。但是，通过努力创造，而不是继承或购买所得到的推进要素更有价值。创造新生产要素的速度与效率也比一定时点上既有要素的存量来得重要，在特定条件下，一国某些基本要素上的劣势反而有可能刺激创新。一国在推进要素方面的优势可以克服基本要素的不利造成的劣势。

（2）需求状况。波特肯定发达国家收入水平高的共同性会造成各国需求结构的相似性。但他进一步指出两点：一是需求的细分结构，即一国在某一个市场细分部分的需求量大，这个国家在此细分部分将占优势；二是尖端又紧迫的需求，如果国内消费者特别挑剔，要求复杂而标准高，就会促使本国企业努力改进产品质量和服务。

（3）相关的支撑产业。相互提供产品的产业之间，一种产业能提供高质量的产品将带动另一种产业的效率和质量提高，特别是作为生产工业原料和生产设备的上游产业，能为下游产业的发达提供支持品，上下游产业的企业之间还可以交流信息和创新思路。

（4）企业的竞争条件。波特认为良好的企业管理体制的选择，不仅与企业的内部条件以及所处产业的性质有关，而且取决于企业所面临的外部环境。强大的竞争对手是企业竞争优势产生并得以长久保持的最强有力刺激。他提出必须摒弃由政府对国内少数几个企业提供特惠以扶持其成长的政策。他认为国内企业之间的竞争，虽然在短期内可能损失一些资源，但从长远看来则有很多好处。正是国内激烈的竞争，逼迫企业向外部扩张，力求具有国际竞争力。

除了上述四个基本因素之外，还有一国所面临的机遇和政府所起的作用两个辅助因素。前者以二战后世界形势的发展为日本的发展提供了资本、技术和市场支持为例，后者以日本政府的经济政策推动日本各阶段主导产业的形成和及时转换为例。

（二）竞争优势的发展阶段

波特认为：一国经济地位上升的过程就是其竞争优势加强的过程。国家竞争优势的发展可以分四个阶段。第一阶段为要素推动阶段。在此阶段，基本要素上的优势是竞争优势的主要源泉。第二阶段是投资推动阶段。竞争优势的获得主要来源于资本要素。持续的资本投入可以扩大生产规模、大量更新设备、提高技术水平、增强企业的竞争性。第三阶段是创新推进阶段。这个阶段的竞争优势来自于创新。企业已具备各种条件，人员培训效果显著，引进技术吸收消化能力强，能自己进行研究生产和开发工作，创新意识和创新能力较强，于是依靠将高科技成果转化为商品的努力，增强经济适应能力，持续地赢得竞争优势。第四阶段是财富推动阶段。处于这一阶段的国家主要靠过去长期积累的物质精神财富来维持经济的运行，产生了吃老本的机制，创新的意愿及能力均下降，面临失去竞争优势的危险。

波特分析了国家竞争优势的发展阶段后，通过研究德国、美国、意大利和日本等国经济实际发展状况，以实证经济学角度对其理论予以说明。他认为，当前日本经济正处于创新阶段，经济发展后劲较强，而美国经济则处于财富推动的阶段，许多工业正在衰退，竞争处于寡占状况，经济缺乏推动力。

第二章　新时代背景下国际经贸环境

第一节　世界贸易组织

一、世界贸易组织（WTO）概述

（一）"关税与贸易总协定"回顾

1. "关税与贸易总协定"的产生

"关税与贸易总协定"是一项协调和规范国际贸易准则的多边条约，简称"关贸总协定"。它自 1948 年 1 月 1 日起临时适用，至 1995 年 1 月 1 日为世界贸易组织所替代，历时长达 47 年之久。关贸总协定发起成立之初只有 23 个国家（即 23 个原始缔约方），至 1986 年乌拉圭回合发动时正式缔约方数量已扩大为 117 个，此外还拥有 10 多个观察员，其中除了 20 多个发达缔约方之外，绝大多数为发展中缔约方和最不发达缔约方。世界上几乎有 80% 的国家和地区与关贸总协定发生联系，缔约方之间的贸易额在国际贸易总额中的比重也达到 90% 以上。由此，关贸总协定也被称作"经济联合国"，与世界银行（WB）和国际货币基金组织（IMF）一起被称为国际经济体系的三大支柱。

关贸总协定的产生与当时的世界政治经济背景密切相关。20 世纪 30 年代的世界经济危机以及随之而来的第二次世界大战给整个世界带来了巨大灾难，除美国外的其他发达国家经济均遭受了毁灭性打击，战后恢复经济和重建国际经济秩序的呼声日益高涨。美国凭借其强大的国内经济、军事、科技力量，以倡导者的身份游说各国推行自由化的世界贸易新秩序。

同时，由于在 1944 年布雷顿森林会议之后，以美元为中心的国际货币体系和世界银行（国际复兴开发银行和其他四个成员机构组成）的建立使金本位制度破灭后的国际汇兑和长期国际投资这两个重大问题得以解决，于是，作为战后三大主要问题之一的国际贸易新秩序的重建显得更加急迫。

1946 年，联合国经济与社会理事会决定召开"联合国贸易与就业会议"，旨在起草国际贸易组织的宪章，美国趁此机会制定出了一份"联合国国际贸易组织宪章拟议

"草案",并提交"联合国贸易与就业会议"筹委会。1947年11月至1948年3月,世界贸易与就业发展大会正式召开,与会的23个国家代表经过4个月的艰苦努力,最后形成了囊括就业、经济发展与复兴、贸易政策、限制性商业惯例、政府间商品协定、投资、服务以及关于建立国际贸易组织等条款的《哈瓦那宪章》,又称《国际贸易组织宪章》。期间,与会23国代表还在123项双边减让关税协议的基础上,经多方磋商修订而形成了一项关于商品关税减让的多边协定即"关税和贸易总协定",并共同签署了《关税与贸易总协定临时适用协议书》,宣布总协定于1948年1月1日起临时适用。"关税与贸易总协定"本拟作为《哈瓦那宪章》的一个附属协定,并在国际贸易组织正式成立后由其秘书处执行。但由于美国等国政府以《哈瓦那宪章》与其国内立法存在差异以及对投票权分配的不满而不予批准,导致作为母体的《哈瓦那宪章》破产以及成立国际贸易组织的计划流产,关贸总协定也因此临时适用。

2. 关贸总协定的宗旨和主要内容

经过历次多边贸易谈判,关贸总协定文本进行了多次修改和补充,除序言之外,共由4个部分组成,总计38项条款,涉及的内容非常广泛。

关贸总协定的序言阐明了自身宗旨,即缔约各方"在处理它们的贸易和经济事业的关系方面,应以提高生活水平、保证充分就业、保证实际收入和有效需求的巨大持续增长、扩大世界资源的充分利用以及发展商品生产与交换为目的"。为实现上述目标,关贸总协定期望缔约各方通过"达成互惠互利协议,大幅度削减关税和其他贸易障碍,取消国际贸易中的歧视待遇等措施"。由此可以看出,关贸总协定在对其宗旨的表述中将追求目标和实现手段有机地联系和统一起来。第一部分包括关贸总协定文本的第1条和第2条。它规定了缔约各方之间在关税和贸易方面相互提供无条件的最惠国待遇以及关税减让事项,是关贸总协定的核心部分。第二部分从第3条到第23条。这部分条款主要规定了取消数量限制、取消出口补贴、反倾销、反补贴等各种贸易障碍以及国民待遇原则等,明确了协调各缔约方贸易政策和措施的依据。第三部分从第24条到第35条。这部分条款主要对关贸总协定适用的领土范围、活动方式、加入与退出、关税减让表变更、谈判程序等问题作了规定。第四部分从第36条到第38条。这一部分内容是1965年新增加的,于1966年开始生效,是发展中缔约方长期不懈努力追求的内容,它明确了给予发展中缔约方特别优惠待遇的有关规定。

此外,与关贸总协定文本内容相关的还有总协定的若干附件和注释等。它们是对总协定文本有关条款的进一步说明和补充,以避免各方对一些条款理解出现分歧。根据1947年签订的《关税及贸易总协定临时适用协议书》,所有缔约方必须适用总协定的第一部分和第三部分,对于第二部分则要求各缔约方在"与其现行国内立法不相抵触的范围内最大限度地予以适用"。

历次多边贸易谈判的历程总体上呈现出下列特点：

（1）多边贸易谈判规模日趋扩大。一方面，从参与多边贸易谈判的缔约方数量来看，总协定成立之初仅有23个参与方，到1986年乌拉圭回合发动时已有117个缔约方参与。另一方面，从多边贸易谈判的主要议题来看，第一轮至第六轮多边贸易谈判所围绕的是单一议题即关税减让，且每轮关税谈判最终实现的关税减让范围和幅度都呈现出不断扩大的趋势。第七轮多边贸易谈判引入了削减非关税壁垒措施这一新议题，第八轮多边贸易谈判除了关税和非关税措施的谈判之外，还增加了关贸总协定规章、与贸易有关的投资和知识产权问题、服务贸易问题等内容，使关贸总协定协调的范围从原来只局限于国际货物贸易领域进一步扩展至国际服务贸易领域、国际投资领域、知识产权保护领域等。

（2）多边贸易谈判耗时越来越长。第一轮至第四轮多边贸易谈判只花费了几个月的时间，第五轮至第六轮多边贸易谈判时间则增加到两年左右，而第七轮多边贸易谈判时间猛增到近7年，第八轮多边贸易谈判耗时则创下了关贸总协定历次多边贸易谈判的历史之最，长达7年多。造成多边贸易谈判历时越来越长的原因主要有两个方面：一方面，由于贸易谈判参与方数量不断增加，谈判的议题日益扩展；另一方面，由于历次多边贸易谈判中的各方立场和主张分歧扩大，利益平衡变得越来越困难。

（3）发达缔约方主导多边贸易谈判的策动、进程。美国、欧共体、日本等发达缔约方始终是历次多边贸易谈判的主角，也是谈判的主要受益者。虽然自20世纪60年代以来，在发展中缔约方的大力呼吁和强烈要求下，关贸总协定增加了有关发展中缔约方特别优惠待遇的条款，发展中缔约方的利益要求得到了一定程度的体现，但在实践中，发展中缔约方并未从中获得多少实惠。如在肯尼迪回合（第六轮多边贸易谈判）之前，全部制成品的平均关税为10.3%，对来自于发展中缔约方的制成品则征收17.1%的平均关税，在肯尼迪回合之后，这两项税率分别下降至6.5%和11.3%，虽然总体平均关税水平都有下降，但差距并未因此而缩小。正如前世界贸易组织总干事素帕猜所言，在利益的分配上，80%的利益给了只有20%左右的少数发达缔约方，而约占80%的多数发展中缔约方只得到了20%的利益份额。

（4）美国在关贸总协定中的作用受到抑制。美国是关贸总协定的积极倡导者和支持者，但自20世纪70年代以来，由于美国经济出现衰退，欧共体和日本等缔约方迅速崛起，在总协定及其多边贸易谈判中，美国开始遭遇到来自欧共体和日本等缔约方的有力抵制和挑战。如在农产品补贴问题的谈判方面，美国要求取消一切补贴的主张遭到了欧共体的强烈反对，使得农产品贸易谈判进程迟缓、一拖再拖，至今这一问题还是悬而未决。

（二）乌拉圭回合与 WTO 的产生

1. 乌拉圭回合的发动

20 世纪 70 年代中期之后，受 1973—1975 年的经济危机和两次石油危机影响，世界经济陷入了滞胀的困境中，贸易保护主义开始重新抬头，贸易环境恶化，各国政府大量实施歧视性进口限制措施，对农产品或工业品实施补贴，或迫使竞争能力强的国家自愿限制对主要出口市场的出口数量，"灰色区域措施"进一步被滥用，单边和双边主义损害了关贸总协定的基本原则，削弱了多边贸易体系的作用，对关贸总协定原有的国际贸易体制产生了直接威胁，并严重阻碍了各国经贸的发展。

此外，农产品、纺织品长期偏离关贸总协定基本原则，而与贸易相关的投资、知识产权保护、服务贸易发展等问题也十分引人注目。为了进一步拓宽贸易自由化的范围，提高贸易自由化的程度，这些问题必须纳入多边贸易体系之中。

1985 年 9 月 30 日至 10 月 2 日，关贸总协定召开了缔约国特别大会，讨论关于开始新一轮多边贸易谈判的问题。1986 年 9 月，关贸总协定缔约方在乌拉圭的埃斯特角城召开了部长级会议，并发表了《乌拉圭回合部长宣言》（也称《埃斯特角宣言》），决定发起新一轮多边贸易谈判，也称之为"乌拉圭回合"。

2. 乌拉圭回合的谈判及其成果

乌拉圭回合多边贸易谈判自 1986 年 9 月正式开始，最初预定在 4 年内结束，后又延长了 3 年，后期的谈判主要围绕农产品问题展开。这样，乌拉圭回合共历经 7 个年头，成为关贸总协定历史上耗时最久的一次多边贸易谈判。就谈判的内容而言，本轮谈判涉及了两大贸易领域的 15 个议题，并通过相应的谈判组来进行。

1993 年 12 月 15 日，随着欧美在农产品补贴问题上达成相互谅解，乌拉圭回合谈判终于在日内瓦国际会议中心落下帷幕。各方舆论普遍认为，本轮多边贸易谈判取得了丰硕成果，甚至在个别方面超越了预定的目标：

（1）达成了一系列进一步推进国际经贸自由化行动的措施和协议。1994 年 4 月 12 日至 15 日，乌拉圭回合的全体参加方在非洲摩洛哥的马拉卡什举行了部长级会议，并正式签署了《乌拉圭回合多边贸易谈判结果最后文件》，作为本轮多边贸易谈判的成果，共由 45 个协议和协定组成，涉及领域十分广泛。在 1995 年 1 月 1 日世界贸易组织生效后，这些最终成果也就构成了世界贸易组织的法律框架。该文件具体包括：

① 关于建立世界贸易组织的协定。这是一项关于建立一个世界性经济与贸易组织的条约，它的主要内容是明确组织机构方面的有关事项以及某些程序规则。

② 第一类附件为多边贸易协议，其中包括附件 1、2、3。

附件 1 中又包括 1A、1B 和 1C。

附件 1A 为多边货物贸易协议，包括下列 13 项协议或协定：1994 年关税与贸易总协定；农产品协定；实施动植物卫生检疫措施的协议；纺织品与服装协议；技术性贸易壁垒协议；与贸易有关的投资措施协议；关于履行1994年关贸总协定第六条的协议（反倾销守则）；关于履行1994年关贸总协定第七条的协议（海关估价守则）；装运前检验协议；原产地规则协议；进口许可程序协议；补贴与反补贴措施协议（反补贴守则）；保障措施协议。附件1B为服务贸易总协定及附属文件。附件1C为与贸易有关的知识产权协定。

附件2为关于贸易纷争解决规则与程序的谅解。

附件3为贸易政策审议机制。

上述多边协议和协定是一个"一揽子文件"，要求所有缔约方一揽子签署接受，不允许选择性地加入或保留。协定的第二条第二款明确规定：附件1～3中"各项协议及其法律文件均为本协定的组成部分，约束所有缔约方"，这一规定是对过去可以自愿选择加入1947年总协定的有关附属协议的一项重大改革。

③第二类附件（即附件4）为多边贸易协定的附加协定，也称诸边贸易协定，包括4项协议：民用航空器贸易协议、政府采购协议、国际奶制品协议和国际牛肉协议。对于这4项附加协议，协定允许有选择性地加入。

（2）将国际贸易规则的适用范围扩大到农产品和纺织品、投资措施和知识产权、服务贸易3个新领域，从而大大扩展了关贸总协定的管辖范围，进一步强化了关贸总协定的作用。

（3）决定建立世界贸易组织，用它取代临时运行了时间长达47年之久的关贸总协定体制。

3. 乌拉圭回合多边贸易谈判的主要特点

（1）谈判成员的广泛性。本轮谈判共有117个国家和地区参与，其中既有缔约方国家和地区，也有非缔约方国家和地区。此外，还有19个观察员国家和地区、30多个国际性组织也参与了谈判。中国作为观察员全程参与了乌拉圭回合各项议题的谈判。

（2）谈判议题的多样性。本轮谈判的内容包括了货物贸易和服务贸易两个方面的15个议题。其中，市场准入方面的议题有6个，即关税、非关税壁垒、热带产品、自然资源产品、农产品、纺织品和服装；强化总协定体制和作用的议题也有6个，即总协定条款、保障条款、多边贸易谈判协议和安排、补贴与反补贴措施、争端解决程序、总协定体制运行；还有3个为新增加的议题，即与贸易有关的投资措施、与贸易有关的知识产权问题以及服务贸易。

（3）谈判进程的技术性和错综复杂性。在本轮谈判组织方面，总协定在贸易谈判委员会之下设立了3个专题组：货物贸易谈判组、服务贸易谈判组和谈判监督组。但从实际的谈判进程来看，发达缔约方之间、发达缔约方与发展中缔约方之间依然存在着众多分歧和重重矛盾。

（4）谈判权限的不平等性和谈判进展的不平衡性。在一些议题的谈判中，少数发达缔约方往往采取秘密磋商方式先达成初步共识，然后再进行公开的谈判。于是，发达缔约方所关心的服务贸易、投资措施、知识产权保护等议题的谈判自然进展较快，而发展中缔约方关心的农产品贸易、热带产品贸易等议题的谈判进展相对缓慢。

（5）谈判成果的显著性。如前所述，无论从世界贸易组织的成立还是从诸多多边协议的达成来看，乌拉圭回合多边贸易谈判着实取得了辉煌的成果。另外，从市场准入这一核心问题来看，根据对各参加方市场准入给价的初步估计，减税产品涉及的货物出口额高达1.2万亿美元，减税幅度近40%，并在近20个产品部门实现了零关税。

4. 世界贸易组织的诞生

（1）成立世界贸易组织并非乌拉圭回合提出的预定目标。《乌拉圭回合部长宣言》并未预想通过建立一个新的国际贸易组织来贯彻乌拉圭回合的成果，只是决定"当多边贸易谈判在各个领域达成结果时，部长们应借召开缔约方全体大会之际就各项结果的国际实施做出决定"，缔约方除少数特定项目谈判结果可以不接受之外，应全盘接受。

（2）一些缔约方的积极努力推动了世界贸易组织的产生。以建立世界贸易组织来强化关贸总协定功能的设想最初是由意大利外贸大臣于1989年提出的，其后，欧共体、加拿大也提出了类似的呼吁和提案。1990年7月及1991年7月，西方国家首脑会议的《经济宣言》中也提出，为了使乌拉圭回合获得成功，必须要加强多边的贸易体制，同意在乌拉圭回合结束前讨论设立世界贸易组织的问题。与此同时，美国、瑞士也分别提出了加强总协定体制作用的建议。1991年秋，多边贸易谈判以上述有关提案为基础开始具体讨论设立世界贸易组织的问题，并在1991年12月的"邓克尔文本"中提出了世界贸易组织设立协定。

1992年2月以后，世界贸易组织协定被列入至第三部分（完善法律的谈判组）谈判内容。在1993年2月15日召开的贸易谈判委员会上，形成了一个关于建立世界贸易组织的多边协定，即《建立世界贸易组织协定》。根据这一协定，世界贸易组织于1995年1月1日正式建立，并取代原来的关税与贸易总协定。

（三）多哈回合

多哈回合是世界贸易组织于2001年11月在卡塔尔首都多哈举行的第四次部长级会议中开始的新一轮多边贸易谈判。议程原定于2005年1月1日前全面结束谈判，但至今仍未能达成实质性的协议。

世界贸易组织第四次部长级会议决定正式启动新一轮多边贸易谈判，旨在促进世贸组织成员削减贸易壁垒，通过更公平的贸易环境来促进全球特别是较贫穷国家的经济发展，谈判内容包括农业、非农产品市场准入、新加坡议题、服务贸易以及与贸易有关的知识产权、规则、争端解决、贸易与环境、贸易与发展等。与以往的多边谈判相比，这次是议题范围最广、参加成员最多的一轮谈判。

多哈回合启动以来，谈判进程一波三折。因为涉及各方利益的进退取舍，谈判自始至终都显得十分艰难，导致2003年在墨西哥坎昆召开的WTO第五次部长级会议无果而终。此后，经广大成员共同努力，各方于2004年7月达成"多哈框架协议"。但这一协议只对农业出口补贴、国内支持的削减以及非农业产品市场的开放设定了指导原则和基本内容，不包含具体的减让计划安排。2005年12月在中国香港举行了WTO第六次部长级会议，由于在主要谈判议题特别是农业议题上分歧巨大，谈判再次未果。

2006年6月，WTO在瑞士日内瓦紧急召开的部长级特别会议又以失败告终；同年7月27日，WTO总理事会会议正式确认多哈回合谈判中止，意味着此轮多边贸易谈判进入"休眠期"。至今，多哈回合谈判已经断断续续进行了十年，早期也曾在一些领域取得过成果，包括给予最不发达国家97%税目产品零关税待遇的承诺框架、贸易便利化以及放宽公共健康领域的知识产权规定等，但自2008年以来，谈判一直被搁置，谈判成果实施艰难。

二、WTO的基本原则

（一）WTO的宗旨

世界贸易组织的宗旨反映在《建立世界贸易组织协定》的前言部分。它重申了1947年关税与贸易总协定的宗旨，即缔约方在处理其贸易与经济关系上"应以提高生活水平，保证充分就业，保证实际收入和有效需求的大幅度的持续增长，扩大世界资源的充分利用及发展商品生产与交换为目的"。为此，各方要大幅度削减关税及其他贸易障碍，取消国际贸易中的歧视性待遇。同时，世界贸易组织的宗旨中还增加了以下内容：① 扩大服务贸易；② 采取措施保护并维护环境；③ 积极努力确保发展中国家，尤其是较不发达国家在国际贸易增长中获得与其经济发展相适应的份额。由此看出，世界贸易组织既是对关贸总协定的继承，更是对关贸总协定的延续、补充和发展，反映出世界贸易组织全面推进国际经贸自由化步伐和追求协调发展的强烈倾向。

（二）WTO基本原则

世界贸易组织不只延续了关贸总协定的宗旨，还继承了其倡导的各项基本原则。具体来说，世界贸易组织的基本原则主要体现在以下几个方面：

1. 非歧视原则

非歧视原则是世贸组织倡导的最基本、最重要的一项原则，要求任何成员方不得对其他成员方实施某种歧视性限制或禁止措施。这一原则具体体现在最惠国待遇和国民待遇两项条款之中。

（1）最惠国待遇原则。最惠国待遇原则是指缔约国一方现在和将来给予任何第三方的一切利益优惠、特权和豁免，应当同样给予对方。按照优惠、特权和豁免的给予是否存在条件，最惠国待遇可区分为无条件的最惠国待遇和有条件的最惠国待遇；按照优惠、特权和豁免给予的范围，最惠国待遇可区分为无限制的最惠国待遇和有限制的最惠国待遇。

最惠国待遇原则适用的范围十分广泛，适用情形主要包括：① 一切与进出口和过境商品有关的关税及费用；② 商品进出口、过境、存仓和换船方面的海关规则、手续和费用；③ 进出口许可证发放的行政手续；④ 船舶驶进驶出和停泊时的各种税收、手续和费用；⑤ 关于移民、投资、商标、专利及铁路运输方面的待遇等。

当然，最惠国待遇也有例外情形：① 一般例外；② 安全例外；③ 边境贸易、关税同盟区、自由贸易区例外；④ 普惠制、特惠制例外。

（2）国民待遇原则。国民待遇原则是缔约国保证缔约对方的公民、企业、船舶在本国境内享有与本国公民、企业、船舶同等的待遇，也称作平等待遇原则，是对最惠国待遇原则的补充。国民待遇原则也有较广的适用范围，主要包括：① 不得以任何直接或间接的方式对进口产品征收高于对国内相同产品所征收的国内税和其他费用；② 对进口产品在国内销售、分销、购买、运输、分配或所适用的法令、规章和条例等方面的待遇，不能低于给予国内相同产品的待遇；③ 任何成员不能以直接或间接方式对产品的混合、加工或使用规定国内数量限制，或强制规定优先使用国内产品；④ 外国公民、企业、船舶在利用铁路运输和转口过境的条件、港口待遇、知识产权、服务贸易等方面享有同等优惠。国民待遇原则也并非要求将本国公民的一切权利都给予外国公民，它有一些例外规定，如沿海航行权、沿海捕鱼权、购买土地权等。

最惠国待遇原则和国民待遇原则都是非歧视性原则的集中体现，只不过二者的立足点和实施目的不同而已：最惠国待遇原则所强调的是一成员方不得对不同成员方的出口商品实施歧视待遇，而国民待遇原则强调的则是一成员方不得对来自于其他成员方的进口商品给予低于本国商品的待遇；最惠国待遇原则的目的是保证来自于不同成员方的产品在同一成员方国内市场上处于同等竞争地位，而国民待遇原则的目的是保证来自于其他成员方的产品与本方产品在本方市场上处于同等竞争地位。

2. 互惠贸易原则

互惠贸易原则指的是世贸组织成员方之间利益、优惠、特权的相互给予，即互惠互利，它是成员方之间确立多边贸易关系的基础。互惠贸易原则主要表现在关税减让、非关税壁垒削除方面以及相应的多边贸易谈判中。当新成员加入时，申请加入方必须通过市场准入事项的谈判做出一定的互惠承诺，即支付一定的"入门费"作为享受其他成员方给予优惠的先决条件。

3. 关税保护原则

关税保护原则强调的是各成员方应主要运用关税手段来保护国内工业，即关税是各成员方保护国内工业的唯一合法方式。相比于其他各种非关税措施，关税具有较高的透明度，能够清楚地反映出保护的水平，从而使贸易竞争建立在较明晰、较公平和可预见的基础上。然而，允许关税作为保护手段，并非意味着成员方可以随意地滥用这一手段，高关税同样是国际贸易的重要障碍。关税的减让是通过关税减让谈判和订立关税减让表来实施的，关税减让表中的税率是各成员方征收关税的依据和约束。一般来说，受到约束的关税只能递减，而不许提升。

4. 一般禁止数量限制原则

一般禁止数量限制原则要求任何成员方不得设立或维持配额、进出口许可证或其他措施以限制或禁止其他成员方的产品输入，或向其他成员方输出或销售出口产品（关税与贸易总协定第11条规定），除非出现以下例外情形：① 因粮食或其他必需品的严重缺乏而临时实施禁止或限制出口；② 因实施国际贸易的商品分类、分级等所必需的限制；③ 在特定情况下对农渔产品的进口等实施数量限制；④ 多种纤维协议（MFA）下有关成员方签订的双边配额限制；⑤ 为保障成员方的金融地位和在国际收支困难时临时实行进口限制，待国际收支恢复平衡后，进口限制应立即取消；⑥ 发展中成员方为保护本国国内工业或保持国际收支平衡而合理地实施数量限制。

5. 公平贸易原则

根据公平贸易原则，进口成员方可采取措施来抵消倾销和出口补贴行为对本国造成的损害，因为倾销和出口补贴均是不公平的贸易手段。倾销与补贴都有可能对进口成员方的国内工业造成重大损害或产生重大威胁，或对某一国内工业的新建产生严重阻碍，进口成员方运用反倾销税和反补贴税措施可以抵消这种不公平贸易竞争行为。为防止成员方滥用这一公平贸易原则，达到贸易保护的目的，世贸组织的《反倾销守则》和《补贴与反补贴协议》明确规定反倾销税或反补贴税的征收税额不得超过倾销幅度或补贴数额。

6. 豁免和紧急行动原则

豁免和紧急行动原则是指当一成员方所享受的利益正在丧失或受到损害时，该成员方可按照世贸组织的规定暂停实施关税减让义务，也可称为合理保障原则。如当某种产品进口大量增加，国内同类工业受到严重损害或造成严重威胁时，进口国可以采取临时性的紧急行动，全部或部分地免除关税减让义务或实施数量限制，这一条又称"保障措施条款"。但一成员方采取豁免和紧急行动必须获得所有成员方投票数的2/3多数通过，另外紧急行动一般应是临时性的、非歧视性的，采取措施前应书面通知秘书处，并与重大利害关系方进行磋商。

7. 关税同盟和自由贸易区例外原则

关税同盟和自由贸易区例外原则指的是世界贸易组织允许成员方之间建立关税同盟或自由贸易区，并将同盟或贸易区内的优惠安排作为最惠国待遇原则的例外。但关税同盟或自由贸易区的组建必须遵守世贸组织的原则：① 同盟或贸易区内的优惠不得导致对非成员国的贸易壁垒；② 影响贸易的关税和贸易法规不得高于或严于建立关税同盟或自由贸易区之前的水平。这一原则也表明，世界贸易组织对区域经济一体化在扩大贸易自由化方面的作用持肯定态度。

8. 磋商调解原则

磋商调解原则是世界贸易组织针对成员方之间的贸易争端所确立的一种协调和解决机制，以争端调解机制最具代表性。根据这一机制，首先由争端当事双方进行协商解决，在协商未果时，可向世界贸易组织理事会提出书面申诉，理事会根据情况成立专家小组来处理。磋商调解原则所强调的是通过协商使双方自愿达成谅解协议并谋求相互之间的贸易利益平衡，而非简单地对任何一方进行制裁或处罚。

9. 发展中成员方的特殊优惠待遇原则

发展中成员方的特殊优惠待遇原则是指世界贸易组织赋予发展中成员方的一种差异性待遇条款。1979 年的东京回合对发展中国家的优惠待遇制定了新的原则，取代和补充了以临时性例外的形式对发展中成员方提供优惠待遇，使发展中成员方的贸易优惠更加明确和合法化，因此也被称为"授权条款"。根据这一条款，发达成员方在以下几个方面对发展中成员方提供优惠：① 普惠制给予的优惠关税；② 在非关税措施方面的差别和优惠；③ 关税和非关税措施的区域性或全球性安排视为例外；④ 对最不发达成员方的特殊待遇。此外，在一些多边协议的具体条款中，还为发展中成员方明确了有关的差别待遇和优惠。

10. 透明度原则

透明度原则要求各成员方提前公布正在有效实施的有关关税、其他税费和有关进出口贸易措施的所有法令、条例和普遍采用的司法判例以及行业规定，使各国政府及贸易商熟知，成员方之间缔结的影响国际贸易的协定也须公布。透明度原则几乎涉及了世界贸易组织的所有领域，其目的是增强各成员方经济政策法规和经济管理行为的可预见性和相对稳定性，保障多边体系在开放、公平、有序的基础上发展。

三、WTO 的功能、运行机制及决策规则

（一）WTO 的三大功能

1. 制定和规范国际多边贸易规则

在 WTO 正式开始运作后，乌拉圭回合达成的多边贸易协议和协定成了 WTO 多边

贸易体制的法律框架。WTO 制定和实施的一整套多边贸易规则涵盖面非常广泛，几乎涉及当今世界经济贸易的各个方面，从原先只涉及纯粹的货物贸易，到后来囊括服务贸易、与贸易有关的知识产权、投资措施，一直延伸到新一轮多边贸易谈判可能要讨论的一系列新议题。从 2001 年世界贸易组织第四次部长级会议上发表的《多哈宣言》来看，关于非贸易争端尤其是农产品贸易分歧、投资、竞争规则、政府采购透明度和贸易简化以及反倾销条款的制定和实施都将列入新一轮多边贸易谈判并作进一步的商讨。

2. 组织多边贸易谈判

WTO 的前身关税与贸易总协定通过八轮回合的多边谈判，使各成员方大幅度削减了关税和非关税壁垒，极大地促进了国际贸易的发展。WTO 正式开始运作后也在多边贸易谈判的组织方面进行了不懈努力。1999 年，WTO 在美国西雅图准备发起"千年回合"，但终因各方对谈判议题分歧过大而被迫放弃。尽管"西雅图风暴"卷走了"千年回合"，但自世界贸易组织第四次部长级会议多哈会议确定了拟将发动新一轮多边贸易谈判的方案以来，WTO 一直在积极为之筹划和推动。

3. 解决成员方之间的贸易争端

WTO 的争端解决机制统一了争端处理程序，设立了专门的争端强制管辖机构（DSB），规定了争端解决的时限，确立了新的否决一致原则，增设了上诉评审程序和上诉机构，在保障 WTO 各协议有效实施以及解决成员间贸易争端方面发挥着极为重要的作用。自 1995 年 1 月至 2010 年 7 月，WTO 共接受并处理了 411 件贸易争端案件。

以上三项主要功能为 WTO 的内部功能。此外，WTO 还拥有一项重要的外部功能，即与其他国际或区域性经济组织如国际货币基金组织、世界银行等加强联系和协作。

（二）WTO 的三大运行机制

1. 多边贸易谈判机制

WTO 不仅为各成员方提供了贸易谈判的场所，同时也明确了贸易谈判的规范。WTO 积极倡导以互惠互利作为多边贸易谈判的原则，且市场准入的谈判主要围绕关税的减让和非关税措施的削减。其中，关税减让的谈判基于双边谈判多边适用、产品对产品、主要供应者利益几个基本原则；市场准入谈判的结果通过各成员方的关税减让表和其他市场开放措施的承诺来约束；多边贸易规则的谈判主要立足于已有规则的修订完善以及将更多的领域纳入到多边体制下，并通过各成员方签署多边协议和贸易政策评审等方式来约束。

2. 贸易政策评审机制

世界贸易组织对各成员方贸易政策的评审以其经济背景、发展需要、政策和目标以及外部环境为立足点和出发点，通过全面评审各方的贸易政策及其实施，使所有的成员方都能获得每一方的贸易政策及其实施状况。同时，为了尽可能达到最大的透明度，世界贸易组织要求各成员方在评审周期内经常性地递交报告，全面描述有关贸易政策和实施情况。鉴于贸易政策评审工作的广泛性、复杂性和繁重性，世界贸易组织评审程序中采取了定期评审和临时评审相结合的制度。

3. 贸易争端调解机制

世界贸易组织确立的争端解决基本程序包括：①协商：这是 WTO 积极建议的程序；②斡旋、调停和调解：争端方在任何时候都可以提出这种要求；③ 专家小组程序：若无成员方一致反对，专家小组一经请求便可成立，专家组在调查、审理后形成评价报告；④ 上诉程序：这一程序为 WTO 的新增要求，上诉机构形成的上诉报告最终需经争端解决机构通过，通过的报告具有最终的法律约束力；⑤ 仲裁：这是一项非必需的附加程序，与一般的国际仲裁并无大的区别；⑥ 对执行争端机构的建议或裁决的监督：在上诉报告通过后，有关争端方应向争端解决机构通知其履行裁决的意愿；⑦ 制裁：即贸易补偿和报复。

（三）WTO 的主要组织机构简介

1. 部长会议

部长会议是世界贸易组织的最高权力机构，至少每两年举行一次。部长会议拥有立法权、准司法权、对某个成员方特定情况下的义务豁免、批准新成员方加入等广泛权力。

2. 总理事会

由全体成员代表组成的总理事会在部长会议休会期间代行部长会议职能。总理事会下设货物贸易理事会、服务贸易理事会、知识产权理事会，下设理事会可视情况自行拟订议事规则，经总理事会批准后即可执行。

3. 各专门委员会

部长会议下设专门委员会，以处理特定的贸易及其他有关事宜，包括贸易与发展委员会、国际收支限制委员会、预算财务与行政委员会、贸易与环境委员会等 10 多个专门委员会。

4. 秘书处与总干事

世界贸易组织组建由一位总干事领导下的秘书处，总部设在瑞士日内瓦。秘书处工作人员由总干事指派，并按部长会议通过的规则决定他们的职责和服务条件。总干事由部长会议选定，并明确其权力、职责、服务条件及任期规则。

（四）WTO 的议事决策规则

（1）协商一致规则。当有关机构就提交的事项需要做出决定时，如果出席会议的成员方并未正式提出反对意见，则表明该机构已在意思一致的基础上做出了决定。意思一致规则适用的情形包括（特殊规定除外）：① 对世贸组织协定以及多边贸易协定的修改；②对某一成员方在 WTO 协定附件 1 各协定及附加协定中规定的义务豁免；③对争端解决程序规则谅解协定的修改；④争端解决机构依据谅解协定作决定；⑤ WTO 多边协定的附加协定即复边协定的增加；⑥对国际奶制品和牛肉理事会协议的决定。

（2）简单多数规则。鉴于协商一致原则在各方意见不一的情况下会严重阻碍 WTO 做出决定，WTO 协定还规定："若某一决定无法取得意思一致时，则由投票决定。在部长会议和总理事会上，WTO 的每一成员方拥有一票投票权……决定应以多数表决通过。"

（3）三分之二多数通过规则。当 WTO 的决定不能以协商一致和简单多数通过时，就必须采用三分之二多数通过的办法。该规则适用的情形包括：①对《多边货物贸易协定》和《与贸易有关的知识产权协定》的修改建议；②对《服务贸易总协定》1～3 部分及其附件的修改建议；③将某些对 WTO 协定和多边贸易协定的修改递交成员方接受的决定；④成员方加入 WTO；⑤ WTO 财务规则和年度预算。

（4）四分之三多数通过规则。当 WTO 对某些涉及成员方利益或重大事项做出决定时，必须以四分之三的多数通过。这一规则适用的情形包括：①条文解释；②协定修改；③豁免义务。

（5）所有成员方接受规则。按照这一规则，WTO 所作出的决定必须在所有成员方普遍接受的前提下方为有效，只要任何一方拒绝接受，决定便不能做出。这一规则适用的情形包括：①对 WTO 协定第 9 条关于决策制度的修改；②对 1994 年关税与贸易总协定最惠国待遇和关税减让的规定；③对服务贸易总协定最惠国待遇条款的修改；④对《与贸易有关的知识产权保护协定（TRIPS）》关于最惠国待遇条款的规定。

（6）反向一致规则。这一规则是为了防止少数成员方阻挠 WTO 做出决定而确立的一项新规则，即在所有成员方并未一致反对的情况下，WTO 便可做出决定。该规则的运用主要体现在《贸易争端处理规则和程序的谅解协定》第 6 条第 1 款、第 16 条第 4 款、第 22 条的规定之中。

第二节　区域经济一体化

自二十世纪五六十年代开始，区域经济一体化组织的出现和深入发展成为世界经济全球化的重要体现。尤其是 20 世纪 80 年代中期以后，区域经济一体化日益高涨，越来越为人们所关注。区域经济一体化的出现和发展并不是一种偶然现象，究其原因，主要是社会生产力快速发展、各国间国际分工日益加深、世界经济发展不平衡加剧以及国家加强对经济生活的干预所致。

一、区域经济一体化形式

区域经济一体化是指两个或两个以上的国家（地区）之间通过订立协议实行某种形式的经济联合，或组成区域性经济组织。在一般情况下，参与区域经济一体化的国家和地区地理位置和经济发展水平都比较接近，常常建有超国家（地区）的决策和管理机构，实施某种共同的政策措施或行为准则，拥有共同或相近的目标。区域经济一体化可以划分为以下几种形式。

（一）按贸易壁垒取消程度的高低划分

优惠贸易安排。这是区域经济一体化的最低级和最松散的形式，指成员方之间通过协定或其他形式对全部商品或部分商品实施较为优惠的关税。如1932年英国和英联邦其他成员国在贸易上建立的英帝国特惠制。

自由贸易区。由签订自由贸易协定的国家和地区组成的贸易区，区内的各成员方之间取消关税和非关税壁垒，各成员方的商品可以在区域内完全自由流动，但各个成员方依旧保持着独立的对区外非成员方的贸易壁垒。如1960年成立的欧洲自由贸易联盟和1994年宣布成立的北美自由贸易区等。

关税同盟。指成员方之间完全取消关税和其他贸易壁垒，并对非成员方实行统一的关税税率而缔结的同盟。即在自由贸易区的基础上统一了成员方对同盟外国家的关税政策。如东非共同体。

共同市场。指成员方之间完全取消贸易壁垒，对非成员方实施统一的关税政策，而且成员方之间的生产要素可以完全自由流动，即在关税同盟基础上实现了生产要素的自由流动。如欧洲经济共同体在1970年时已接近共同市场。

经济同盟。指成员方之间商品和生产要素完全自由流动，统一了对外关税政策，制定和执行一些共同的经济、社会政策，并形成一个庞大的超国家的经济实体。如1991年时解散的经济互助委员会。

完全经济一体化。这是区域经济一体化的最高级形式。成员方在经济、金融、财政政策上已经实现完全统一化。如1993年11月1日正式诞生的欧洲联盟。

上述区域经济一体化的六种形式，也可以看成是区域经济一体化发展的六个阶段，但区域经济一体化并非一定要依次经过这六个阶段的发展。

（二）按成员国经济发展水平的差异划分

水平一体化。又称横向一体化，由经济发展水平相同或相近的国家和地区组成。实践中，这一形式较为多见。如东扩前的欧洲联盟、东盟自由贸易区等。

垂直一体化。又称纵向一体化，由经济发展水平不同的国家和地区组成。如北美自由贸易区。

（三）按一体化范围的大小划分

部门一体化。由成员国一种或几种产业（或商品）组成的一体化。如欧洲煤钢共同体、欧洲原子能共同体。

全面一体化。指对成员国的所有经济部门加以一体化。如欧洲联盟和1991年解散的经济互助委员会。

二、区域经济一体化理论

关税同盟是区域经济一体化的典型形式，因此有关区域经济一体化的理论主要源于关税同盟理论，也以关税同盟理论最具代表性。这一理论由加拿大经济学家雅各布·维纳在1950年出版的《关税同盟问题》一书中提出，重点阐述了在经济资源总量不变、技术条件没有改进的情况下，关税同盟对集团内外国家经济发展以及物质福利的影响。之后，英国经济学家李普西在《关税同盟理论的综合考察》一文中引用例子对关税同盟效应作了具体的分析说明。关税同盟理论着重分析区域经济一体化所引发的静态效应和动态效应。此外，区域经济一体化的代表性理论还包括由西托夫斯基和德纽提出的大市场理论、小岛清提出的协议分工理论等。

（一）关税同盟的静态效应

维纳和李普西在关税同盟理论中所进行的区域经济一体化静态效应分析，具体包括贸易创造效应与贸易转向效应两个方面。

贸易创造效应，是指关税同盟内部取消关税，产品生产转向同盟内最有效率的供应者并产生了经济福利。

贸易转向效应，是指由于关税同盟对外设置统一的关税壁垒，一些成员国（地区）的消费者无法购买到非成员国（地区）生产的更为廉价的商品，而只能转向同盟内价格较高的成员国（地区）商品。例如：沿用贸易创造效应分析时的汇率和三国X商品提供价格假定，另设关税同盟组建前甲乙两国对外关税率分别为20%和40%。这样，甲国不会生产X商品，是从世界上生产效率最高、提供价格最低的丙国进口（进口的税后价格为24美元）。当甲乙两国建立关税同盟后（设对外统一的关税率为40%），这时甲国从乙国进口X商品的价格为26美元，低于从丙国进口时的28美元，甲丙两国间的贸易也就转变成为甲乙两国间的贸易。贸易发生转向后，整个世界的经济福利水平随之降低。

以上两种效应的比较及其结果决定了关税同盟最终的福利水平变化，贸易创造效应占主导的关税同盟为成员国带来净福利水平的提高，但贸易转向效应较为突出的关税同盟会造成成员国净福利的下降。此外，两种基本效应的产生，还会进一步引发贸易扩大、减少海关行政支出、抑制走私和提高谈判能力等效应。

（二）关税同盟的动态效应

规模经济效应。建立关税同盟可使成员国市场融合于一体，实现自由市场规模和产品生产规模的扩大，使产品成本趋于下降，获得规模经济的利益，包括内部规模经济利益和外部规模经济利益。

竞争增强效应。关税同盟的建立摧毁了原来各国保护市场的盾牌，有力地促进了市场竞争，使成员方的生产专业化程度提高、资源配置更趋合理、配置效率提高。但也有些学者认为，由于区域经济一体化发展使企业易于获取生产的规模经济，从而有可能产生独占，导致效率和福利下降。

投资刺激效应。关税同盟的组建不仅实现了市场规模的扩大，而且风险与不稳定性大大降低，从而增强了对外来投资的诱惑；成员方企业为了提高竞争能力会主动增加投资、改进产品质量、降低生产成本；非成员方企业为绕过贸易壁垒也会积极对区域经济一体化市场进行投资。但也有一些学者认为，受贸易创造效应影响的产业会出现投资减少，且外部资本进入也会减少成员方投资机会。

生产要素自由流动的经济效应。关税同盟的建立推动了区域内商品和要素的自由流动，驱动资本和劳动力等要素流向边际生产力较高的地区和领域，使生产要素配置更加合理、要素利用率提高，降低了要素闲置的可能性，有利于产量和效益的提高。

加速经济增长效应。这是由上述四种效应汇聚成的一种综合经济效应，即区域经济一体化促进了商品和生产要素的自由流动、刺激了投资增加，更加激烈的竞争驱使企业追求规模经济和致力于更多的创新活动，从而推动区域内各成员方的经济加速发展。

三、区域经济一体化迅速发展的原因

自二战以来，随着合作与发展成为当今世界的主流，世界各国、各地区之间的相互依存、相互融合、相互影响愈加突出，区域经济合作也出现了良好的发展势头。尤其是20世纪90年代之后，区域经济一体化步伐进一步加快，主要表现在：区域经济一体化内容广泛深入，形式与机制灵活多样，跨洲、跨区域经济合作的兴起和发展。究其原因，主要有以下几个方面。

（一）社会生产力的高度发展

第三次科技革命推动了生产力的极大提高，生产的国际化专业分工与协作日益加强，世界各国之间的经济联系更为密切、相互依存日渐加深，从而推动了相关国家致力于区域经济一体化安排的构想与实施。同时，科技革命的迅速发展也使新技术和新产品的研发设计需要通过跨国性的集体力量来完成。可见，经济生活的国际化成为世界各国趋向联合、走向经济一体化的客观基础。

（二）贸易保护主义的伺机盛行

二战以来，全球经济发展的不平衡导致贸易自由化与贸易保护主义矛盾的不断加剧，贸易保护主义伺机发难。区域经济一体化的形成可以促使区域内部自由贸易程度的提高，使各成员国都能充分发挥其自身比较优势，促进资源合理配置，实现本国经济增长。从这一角度看，区域经济一体化也是各国规避贸易保护主义危害的一种选择。

（三）经济联合下的竞争力提升

随着经济全球化的迅速发展，国家之间的竞争越来越激烈，一些国家和地区通过紧密联合，构成一个更为庞大的经济体，来提高参与全球竞争的力量。因此，建立区域经济一体化就是实现经济总量扩大、在全球经济中处于更有利地位的重要行动方略。

（四）地理位置相邻的便利

交通和通信的日益发达可使"经济距离"超越"地理距离"，但是地理位置相邻，可节省交易成本，便于国与国之间开展商品、服务、资本、人员交流，并确立和扩大共同的政治和经济利益。此外，地理位置相邻往往会形成相似或相同的文化或者共同的宗教影响，也有利于区域经济一体化深入发展。

（五）世界贸易组织前行中的困难

虽然世界贸易组织是推动贸易自由化和经济全球化的主要力量，但由于自身庞大，运作程序复杂，"一揽子接受"方式下所有成员达成共识和消除矛盾并非易事，多边贸易谈判前景也具有不可预测性。这些都为区域经济一体化提供了发展空间与机遇，也为各个国家（地区）参与全球竞争增加了一种选择。

除了上述经济方面的原因外，谋求政治修好、缓解矛盾冲突、稳定地区局势、推动国内体制改革、寻求区域层面的政治保护、传播主体政治价值理念等也是推动区域经济一体化快速发展的政治原因。

四、区域经济一体化实践

经过二十世纪八九十年代以来的发展，当前全球区域经济一体化趋势呈现出以下特点：欧洲联盟（欧盟）等已有的区域经济一体化组织正在吸收更多的成员国，不断扩展区域经济一体化规模，范围更趋广泛，目标更高；美国、加拿大通过发展区域经济一体化，实现了工业发达国家与发展中国家之间市场一体化的融合；发展中国家之间的区域经济一体化正在迸发新的活力，并逐步从内向型战略转向外向型战略。

（一）欧洲联盟一体化进程

欧洲联盟是目前世界上最大的区域经济一体化组织，同时也是生产国际化、经济贸易一体化程度最高的一体化组织。它的前身是欧洲共同体，而欧洲共同体是1965年

4月由法国、联邦德国、意大利、比利时、荷兰、卢森堡6个国家通过签订《布鲁塞尔条约》，将原来的欧洲煤钢共同体、欧洲经济共同体和欧洲原子能共同体合并而来的，并于1967年7月1日正式生效。之后，又有英国、爱尔兰、丹麦、希腊、葡萄牙、西班牙6个国家相继加入，欧洲共同体的成员国达到12个。欧洲共同体总部设在布鲁塞尔，它是西欧国家间的区域性经济一体化组织。

1. 欧洲共同体的经济一体化进程

欧洲共同体经济一体化进程分以下几个步骤：

① 建立关税同盟，取消内部关税。从1959年1月1日起分三个阶段减税，1970年1月1日完成。

② 实施共同农业政策。实行统一的农业产品价格管理制度，确保价格的波动在"目标价格"和"干预价格"之间；实施农产品进口的差价关税和出口补贴制度；设立"欧洲农业指导和保证基金"，促进农业的机械化和现代化。

③ 建立欧洲货币体系。1979年3月正式成立货币联盟，即设立欧洲货币单位，实行固定汇率并对外联合浮动，建立欧洲货币基金，向成员国提供中短期贷款，并以此来干预外汇市场、调节汇率和国际收支。

④ 1991年10月22日与欧洲自由贸易联盟达成了建立欧洲经济区的协议。

⑤ 欧共体统一内部大市场的建立。1985年6月由欧洲经济共同体委员会提出了建立统一内部大市场的目标，1987年7月《欧洲一体化文件》生效，以推动统一内部大市场，实现商品、人员、劳务和资本的自由流动。1993年1月1日起，内部大市场正式运行。

2. 欧洲联盟的一体化进程

1992年2月7日，欧洲共同体12国外长和财政部部长正式签署《欧洲联盟条约》，并于1993年11月1日正式生效，从而为建立欧洲经济与货币联盟确定了时间表和步骤。1995年1月1日，芬兰、瑞典、奥地利正式加入欧洲联盟，使成员国扩大为15个。1999年1月1日，划时代的欧洲单一货币即欧元（EURO）诞生，并于2002年正式流通，除英国、瑞典、丹麦尚未接受外，欧盟12国形成使用单一货币的欧元区。

之后，欧盟继续寻求一体化规模的扩大和程度的提升，一方面致力于一体化内容的进一步深入，如改革农业方案、实行统一的医疗卡等，同时进一步扩大一体化的范围。在2000年的尼斯会议上欧盟正式决定实施东扩计划，2001年选择了第一批加入欧盟的国家。经过几年的艰苦谈判，自2004年5月1日起，爱沙尼亚、拉脱维亚、立陶宛、波兰、匈牙利、捷克、斯洛伐克、斯洛文尼亚、塞浦路斯和马耳他10国正式加入欧盟。2007年1月1日，罗马尼亚和保加利亚正式成为欧盟成员国。这是欧盟历史上第6次扩大。欧盟目前已成为一个拥有27个成员国、人口超过4.8亿的大型区域一体化组织。

欧盟是目前世界上一体化程度最高的一个区域集团，但政治方面的一体化进程仍明显滞后于经济领域。欧盟的目标是朝着类似于欧洲合众国形式的方向发展，即从单一经济一体化组织走向包括政治、外交、防务等多方面联合的国家联合体。

（二）北美自由贸易区一体化进程

北美自由贸易区是在原美加自由贸易区基础上延伸和发展而来的，是由发达国家和发展中国家组成垂直一体化组织形式的典型代表，也是南北合作的一种新尝试。

1. 美加自由贸易区

1988年，美国和加拿大政府签署了《美加自由贸易协定》，并于1989年1月1日生效。为消除区内商品贸易、服务贸易和投资、商业、旅行方面的一切障碍，协调政府和私人企业的行为准则，《美加自由贸易协定》涉及了关税减免、非关税壁垒、原产地规则、农产品贸易、能源、倾销与补贴、政府采购、劳务、金融、投资、知识产权以及纠纷解决等一系列问题。其中的核心内容是从1989年起到1998年的10年内，对三类不同的征税商品分期削减关税，到1998年全部取消。

2. 北美自由贸易区

1992年8月12日，美国、加拿大、墨西哥三国政府代表签订了《北美自由贸易协定》，并于1994年1月1日生效，北美自由贸易区同期宣告成立。与《美加自由贸易协定》相比，内容基本类似，但要求更为严格，并就如何解决反倾销手续等问题对《美加自由贸易协定》作了修改。其核心内容包括：三国在15年内分阶段逐步取消9000多种商品的关税和非关税壁垒，取消进口配额和进口许可证；开放墨西哥的电讯、金融和保险业，允许美国和加拿大企业进入竞争和投资，包括建立独资子公司，对北美地区的金融公司实施国民待遇；确立更为严格的原产地规则、保护知识产权的规定以及有关劳工和环境保护问题的补充规定等。与欧盟一体化进程相比，北美自由贸易区的一体化进程显得步伐较小、程度较低。不过，美国也在积极实施其南进战略，授权美国总统与拉美一些国家进行谈判。但这些拉美国家始终存在着矛盾的态度，有热情但也有戒心，并且在建立美洲自由贸易区时间表及其进程中所采取的方式等方面还存在分歧，南方共同市场内部一些国家的金融困境和经济动荡也成为美洲自由贸易区前行的重大障碍。

第三节　经济全球化与跨国公司的发展

一、经济全球化

（一）经济全球化的含义

尽管目前人们对经济全球化的理解和表述尚未统一，但基本含义逐步趋向一致。经济全球化一般指经济的全过程在全球范围内展开和运行，包括生产过程、流通过程和消费过程。它是世界各国经济相互开放、相互依存、相互联系，使生产要素不断走向世界范围的优化配置、经济利益相互交错和各国的经济运行机制走向一致的一种趋势。

经济全球化的主要表现可概括为市场全球化和生产全球化。市场全球化是指越来越多国家的市场经济取向和新的国际贸易体制的建立，商品、技术、资本、信息、劳务等越来越多地趋向于全球范围内自由配置，特别表现在世界贸易增加迅猛、国际金融和资本市场迅速扩大等方面。生产全球化是指随着社会生产力的高度发展，尤其是在以信息技术为中心的新技术革命的推动下，国际分工日益深化，各个国家的生产活动密切联系、相互依赖，在世界范围内结成一个整体，使整个地球俨然成为一个"大工厂"，生产越来越多的"全球产品"。这种生产国际化的主要动力和主体力量是跨国公司。

（二）经济全球化的前行动力

现代意义上的经济全球化是在第二次世界大战后，随着新的科技革命的兴起和跨国公司的迅速扩张才蓬勃发展起来的，而经济全球化取得显著进展则在20世纪80年代末到90年代初。从经济全球化不断演进的历程来看，主要的推动因素有以下四个方面。

1. 生产力的发展

生产力的发展促使人类社会的生产与流通逐渐突破了民族和国家的限制，各国古老的、独成一体的民族工业慢慢被侵蚀、被整合，逐渐变成了世界性的，自觉或不自觉地加入经济全球化的大潮之中。

生产力的发展还为经济全球化的深化创造了必需条件。一方面，生产力的发展为国际分工的深化不断创造着新的部门和领域，为各国参与国际分工创造了新的机会与条件；科技革命使电子工业、宇航工业、高分子合成工业等新兴工业部门不断涌现，并引致国际技术合作、资金合作、劳务合作的不断深化。另一方面，随着生产力的发展，国际分工形式也更加细化和复杂，已越出了部门经济的分工，发展到了企业内部、工种、工艺之间的分工。此外，生产力的发展使交通运输和通信事业的进步日新月异，大大缩短了世界各国之间在空间和时间上的距离，整个世界正在变为一个"地球村"。生产力的发展也使各国的消费水平得到普遍提高，引起了跨国消费品采购品种和数量的日益增多，推动了经济全球化的深化。

2. 跨国公司的发展

第二次世界大战结束以来，跨国公司从数量到质量都有了较大发展，资本的国际流动从规模到速度都有了明显的增加。据联合国贸易和发展会议发布的2008年度《世界投资报告》，截至2007年底，全球共有跨国公司7.1万家，它们拥有90万家海外分支机构，这些海外机构的全球销售额高达45万亿美元。至2010年，全球跨国公司总数已超过8万家，跨国公司的全球生产带来了约16万亿美元的增值，约占当年全球GDP的1/4，跨国公司国外子公司的产值约占全球GDP的10%和世界出口总额的1/3。跨国公司通过国际资本移动和各分公司之间的内部贸易，正在把世界各国紧紧连接成一个相互不可分离的经济统一体。

3. 贸易与投资自由化

经济全球化客观上要求逐渐消除阻碍货物、服务、要素移动的障碍，而贸易与投资的自由化不仅促进了世界各国要素的优化配置和经济增长，使国际化生产成为不可逆转的大趋势，也加快了世界各国市场融合的步伐，有力地推动了经济全球化的进程。

4. 世界性经济组织的协调和推动

作为世界经济三大支柱的国际货币基金组织（IMF）、世界银行（WB）和世界贸易组织（WTO），运行机制日益完善，协调能力不断增强，其政策与实践同经济全球化的发展具有内在的一致性，推动着经济全球化的深入发展。如，国际货币基金组织在各国汇率政策上的协调以及在解决成员国参加国际经贸活动而缺乏外汇时的努力；世界银行在帮助各成员国经济的复兴与开发以及在发展外向型经济中的优惠贷款和政策协调；世界贸易组织在制定统一规则、削减贸易壁垒、建立统一大市场方面所做的努力；等等。各类区域性经济组织在推动经济全球化方面也起着不可忽视的积极作用。

（三）经济全球化的积极作用

1. 有利于资源的优化配置

一般来说，资源和生产要素在国际流动会遇到很多障碍，而商品在国际的流动则要容易得多。于是，人们便通过生产过程把各种不同的生产要素转化为商品，然后在国与国之间进行商品交换，出口生产要素充裕的商品，进口生产要素稀缺的商品。这样做的结果是使各国各不相同的生产要素都得到了充分开发和利用。

2. 贸易和投资自由化得到迅速发展

贸易与投资自由化的加速发展推进了经济全球化的进程，而经济全球化的发展又要求贸易与投资自由化进一步发展来与之相适应，目前呈现在人们面前的正是二者互相推动、互相促进的景象。总的说来，贸易自由化在很大程度上缩短了大多数国家进入现代化的进程。

3. 加速技术转让和产业结构调整的进程

当前,跨国公司的技术创新和技术流动已经呈现全球化的趋势,诸如跨国公司纷纷在境外设立研究开发机构、加强跨国公司间的研究与开发控制、加强国际技术联盟等。跨国公司的技术转让不仅延长了其技术生命周期、扩大了其技术效用,而且在客观上也有利于发展中国家的技术进步,使它们有更多机会来选择先进技术和适用技术,有利于加快产业结构升级和工业化进程,加快从传统经济向现代经济转变。如"亚洲四小龙"、东盟国家以及欧洲和拉美的一些国家(地区)利用发达国家向全球梯度转移产业的机会,加速自己工业化的进程,使自己的产业结构不断得到升级和完善。

4. 强化了国际协调和合作

经济全球化首先是一种市场行为,由于市场机制本身是有缺陷的,而且市场也不能解决"外部不经济"问题,所以政府干预是必要的。但在全球范围内并不存在"世界政府",因此对世界市场机制的调节主要依靠各种软约束机制和制度化的硬约束机制来实现。所谓软约束机制,是指通过国际机构和国际会议对市场和其他经济活动进行协调的机制,包括联合国大会、联大特别会议、联大所属的有关经济的专门委员会和机构等。所谓制度化的硬约束机制是相对软约束机制而言的,大体上可分为三个层面:行业层面、区域层面和国际层面。行业层面的有石油输出国组织等;区域层面的有各种区域经济一体化组织,如欧盟、北美自由贸易区、亚太经济合作组织等;国际层面的有世界贸易组织、世界银行、国际货币基金组织等国际组织的协调。

总而言之,经济全球化无论对世界经济的整体发展还是对各国的发展都有极大的好处,但经济全球化的利益在各国的分配是不平衡的。

(四)经济全球化的负面影响

1. 国内经济发展易受全球性经济衰退的影响

经济全球化的不断演进使世界各国经济活动过程紧密地联系在了一起,然而这种环环相扣经济链条中的某个局部一旦发生问题,其影响面将是十分广泛的,各种传导机制会将破坏作用传向经济链条的每一个环节。无论是周期性的全球经济危机,还是像20世纪90年代的亚洲金融危机以及2007年由美国次贷危机引发的全球性金融危机,都有力地证明了经济全球化的这种负面影响。

经济全球化对中小国家经济发展的影响尤其明显,因为这类国家市场狭小、资源有限,经济发展对外部的依赖程度更高。

2. 过分追求比较利益不利于本国重要工业部门的发展

经济全球化强调各国间的经济协作与合理分工,以便使每个参加协作分工的国家都能获得比较利益。然而,对于工业相对落后的发展中国家来说,如果过分强调参与国际分工获取眼前比较利益的重要性，就有可能在工业布局中和优惠政策上将着力点较多地放在扶植本国出口竞争力强、比较成本低、盈利大、创汇多的传统工业上，导致发展中国家工业发展长期处于落后和受制约的状态。

3. 发展中国家在不公平的国际分工体系中获益甚少

各种资料表明，国际分工体系对生产和出口初级产品的发展中国家是不利的，具体表现为这类国家的贸易条件处于一种长期恶化的趋势。这种趋势在二战后更为明显，著名的阿根廷经济学家劳尔·普莱维什对这个问题曾作过详细的论述。

4. 外国资本控制了落后国家若干重要经济部门的发展

在经济全球化过程中，各国纷纷实施较为自由的金融政策和鼓励性利用外资的政策，其后果之一是发展中国家的一些重要经济部门，既包括高新技术型工业部门，也包括部分服务性部门，如金融、保险、运输、咨询等部门逐渐被外资企业控制。发展中国家本来在某些部门和行业已经发展起来了有优势的企业和较著名的商品，但在外商独资或合资企业的强力冲击下，原有的民族企业或被挤垮或被兼并，原有品牌的民族商品或销声匿迹，或被外资换上了新的包装。

5. 经济运行易受债务危机困扰

从长期的封闭和落后状态中走出来的发展中国家，在对外开放中首先感到发展资金的短缺，于是就从借外债进行负债经营起步开始了振兴民族经济的长途跋涉。负债经营是资金短缺的发展中国家摆脱贫困、走向富裕的一条捷径，然而，稍有不慎就会陷入债务危机。如巴西、墨西哥等国家，20世纪70年代大举外债，却在20世纪80年代相继陷入了债务危机的泥坑而难以自拔。

6. 国际经贸摩擦加重

经济全球化中既存在着全球总体利益，也存在着局部利益和国别利益。尽管世界贸易组织等国际性机构通过规则、条款等约束性手段努力维护着总体利益并协调着局部利益，但在激烈的国际市场竞争中，各国为了维护自身利益而引发的争端仍然大量存在着。诸多国家之间既存在着战略伙伴关系，同时也是贸易对手关系。

二、跨国公司

（一）跨国公司的概念与特征

1. 跨国公司的定义

跨国公司又常称跨国企业、多国公司（企业）、国际公司（企业）、世界公司（企业）等。虽然联合国经济及社会理事会于1974年决定在此以后的联合国正式文献中，统一采用"跨国公司"这一名称，但由于不同的认识和习惯，至今仍有不同的名称见诸各种文献。

跨国公司是一种复杂的国际企业组织形式，其活动涉及不同国家的经济、法律乃至文化等多个方面，在不同的环境下呈现出不同的特征要求，以致在国际范围内至今尚没有一个被普遍接受的定义。通常情况下，跨国公司是指通过对外直接投资方式，在国外设立子公司、分公司或控制东道国当地企业，从事生产、销售和其他经营活动的国际性企业。

2. 跨国公司的特征

（1）生产经营规模庞大、经济实力雄厚。跨国公司一般都是巨型公司。美国《财富》杂志每年公布的全球500家最大工业公司，无论从哪个角度来判断，都是名副其实的跨国公司。一些巨型跨国公司的销售额相当于一些中等国家的国内生产总值。随着跨国公司经营规模的日益庞大，其经济实力也在不断增强，对世界经济的影响力也在不断加强。以现在的主权国家与跨国公司的经济实力进行比较，可以发现大多数发展中国家的经济实力要比一些大型跨国公司弱。如，日本三菱公司的经济实力比有一亿多人口的印度尼西亚强，沃尔玛公司的经济实力甚至超过中东富国以色列。

（2）战略目标全球化。跨国公司是以整个国际市场为追逐目标，在世界范围内有效配置生产要素，充分利用各国和各地区的优势，以实现总公司利润的最大化。其具体表现为：跨国公司总公司（母公司）在制定每一项重大决策时，总是从全局出发，而不考虑某一子公司一时一地的得失；总公司在评价子公司的业绩时，主要考察其对总公司的贡献程度，而不一定是其自身盈利的多寡。这种战略目标是跨国公司区别于国内企业和其他经济组织的重要特征。

（3）要素转让内部化。为了避免由于外部市场的不确定性而导致公司经营成本的增加和生产效率的降低，跨国公司往往具有较强烈的以内部化市场取代外部市场的倾向。这表现在研究与开发活动及科技成果转让的内部化，以及商品贸易、资本转移等多方面的内部化上。有关资料表明，跨国公司转移到国外的技术，主要是流向其拥有多数或全部股权的国外子公司。

（4）科技开发先导化。技术开发在跨国公司经营战略中具有特殊地位。跨国公司以科技为先导的经营战略，即以现代先进科技与公司生产相结合作为经营方向，自觉依靠科技进步和技术革新，不断推出新产品和提高技术密集度，保持技术优势，增强国际竞争力。这就要求跨国公司在研究开发上有巨大投入。目前发达国家大型工业企业的研究开发费用占销售额的5%左右，如美国IBM公司一年的研究开发费用超过了50亿美元。

（5）经营方式多角化。多角经营是指母公司和子公司生产不同种类的产品，形成多种产品的综合经营体系。多角化经营可以增强公司总体经济潜力，确保公司内部流通渠道的畅通，防止"过剩"资本形成；有利于公司全球目标的实现；有利于资金的合理分配与流动，从而提高各种生产要素及副产品的利用率；有利于分散公司的风险，从而稳定企业的利润；有利于充分发挥生产余力，延长产品的生命周期，从而增加公司的利润；有利于节约共同费用，增强公司的机动性。从目前来看，多角化企业的增长速度和多角化程度的提升速度都很快，绝大多数跨国公司几乎都实现了经营多角化。

（6）营销管理现代化。跨国公司常常把营销管理置于公司管理的重要位置，并致力于实现营销管理现代化，主要表现为：营销决策一体化，即充分利用公司的营销资源，为实现公司全球战略目标服务；营销策略组合化，即综合运用各种营销策略，选择最有利的营销组合方式；营销手段灵活化，即针对不同的营销对象，灵活选择营销方式和手段；营销范围全球化，即在全球范围内寻找最佳营销机会。

（7）内部管理一体化。为了实现全球战略目标，跨国公司需要实行内部一体化管理模式，即跨国公司在世界各地的子公司的重大决策都在总公司的统一控制之下，根据集中与分散相结合的原则，实行统筹安排，根据业务性质、产品结构、地区分布、风险程度等因素来确定集中与分散的程度。跨国公司的内部一体化主要包括：生产一体化、新技术和新产品一体化、营销一体化、采购一体化、技术人才一体化、财务一体化等。

（二）跨国公司的内部贸易与转移价格

1. 跨国公司的内部贸易

跨国公司的内部贸易是指跨国公司与海外子公司之间，以及子公司与子公司之间商品和劳务的交易。跨国公司的内部贸易不但在跨国公司的全球经营战略中起着重要作用，而且对国际贸易也会产生重大影响。

跨国公司内部贸易的重要性不仅表现在其占有的国际贸易额比重上，还表现在其贸易结构特征上。跨国公司内部贸易一般在高技术产业中比例较高。跨国公司为保护其高新技术的独占性和垄断性，大都在母公司与子公司之间以公司内部交易方式转移技术成果和高技术产品。

跨国公司内部贸易产生的原因可归纳为以下几方面：

（1）克服世界市场的不完全性。现实中的世界市场是不完全竞争市场，一方面存在市场结构性缺陷，即少数大公司对市场的垄断和由于政府干预、各种贸易壁垒造成的贸易障碍；另一方面存在市场交易性缺陷，即市场交易的额外成本及其引起的利润损失。跨国公司通过内部贸易可以克服世界市场不完全性带来的风险，绕开贸易障碍，降低成本、增加收益，扩大自己的市场份额，加强公司的海外扩张能力。

（2）维持对技术优势的垄断。跨国公司一般拥有技术方面的优势，为保持对技术优势的垄断，而不愿进行外部贸易。因为一旦跨国公司的技术产品和中间投入置于外部贸易中，那么它拥有的技术优势就会扩散，技术和产品就会被仿制，其技术优势便不再拥有。

（3）满足跨国公司对中间产品的需求。在跨国公司的国际生产过程中，一些中间产品的投入往往是高档次的，即在质量、性能或规格上都有特殊的要求，要从外部市场获得这类中间产品不仅困难大，而且交易成本极高。为保证中间产品投入的供给在质量、规格、性能上符合要求，并保持稳定的供给，同时降低交易成本，就要求把这部分产品的生产纳入跨国公司的生产体系，通过内部贸易来获取。

（4）利用转移价格达到特定目标。跨国公司利用转移价格可以回避价格管制，逃避征税和外汇管制，占领市场，利用币值变动从中牟利，以获得全球利益的最大化。例如，当跨国公司子公司所在国的外汇管制和利润汇出限制严格，营业利润征税较高时，母公司就可以抬高供应给子公司的机器设备、原材料和劳务的价格，从而使子公司生产成本增加，盈利减少，降低应纳税额。而当子公司产品面临当地产品竞争时，母公司可以大幅度降低转移价格，从而降低子公司产品的生产成本，增强其产品竞争能力，以较低的价格打垮竞争对手，占领当地市场，然后再抬高价格。

2. 跨国公司的内部转移价格

所谓内部转移价格是指跨国公司根据全球战略目标，在母公司与子公司、子公司与子公司之间交换商品和劳务的交易价格。这种价格不是按照生产成本和正常的营业利润或国际市场价格水平来定价，而是按照子公司所在国的具体情况和母公司全球性经营战略，人为地加以确定。跨国公司内部转移价格已成为跨国公司弥补外部市场结构性和交易性缺陷的重要措施。

实行内部转移价格对跨国公司有很多好处。第一，可以降低公司总税负。在母公司和子公司不同所在地税率不同的情况下，采用转移价格可以逃避或降低税负。第二，提高国际竞争力。通过较低的内部转移价供给子公司产品，降低其生产成本，可以提高其产品的竞争能力。第三，避免汇率风险。利用转让价格推迟或提前付款，可以规避汇率风险，通过抬高转移价格，转移利润，可以逃避外汇管制。第四，加速资金周转。通过内部转移价格使资金迅速在公司之间流动，实现资金的自由调拨，提高资金使用效率。

第三章 实行对外开放与发展对外经贸

第一节 新常态下中国对外经贸开放战略

自加入 WTO 以来，我国的对外经济贸易得到快速发展，但仍然面临一系列挑战，其中产品质量问题、产业结构问题、成本问题以及贸易壁垒问题是对外贸出口影响较大的因素。外贸竞争从来都是国家层面的竞争，在经济新常态背景下，我国的外贸部门应当转变工作作风，通过建立良好的服务体系与政策支持体系促进我国外贸进一步发展。

贸易行为可以帮助人类获得种类丰富的物品，从而提升生产效率、提高生活品质并制造就业岗位。近年来随着科学技术的进步，交通更加便捷，获得外界商品的成本逐渐下降，多数经贸专家都认为经济全球一体化的趋势不可逆转。加入 WTO 以来，我国的外贸发展极为迅速，通过对外贸易我国赚取了大量的外汇，同时通过全球采购我国的物资供应更加丰富、基础建设快速发展，国家面貌焕然一新，对外贸易已经被形容为我国经济发展的三驾马车之一。近年来，国际经济形势发生了变化，国际需求不断萎缩，我国的经济增长速度逐渐放缓，外贸顺差逐渐减少。

一、新常态下外贸发展的作用

经济新常态背景下，我国的经济增速逐渐放缓，实体经济发展困难，就业形势更加严峻。面对较为困难的局面，发展好对外贸易对我国社会的稳定极为重要。首先，外贸生产可以为我国提供大量的就业岗位，当前我国出口产品的主要类型仍然以劳动密集型产业为主，这些出口企业需要大量的产业工人。其次，对外贸易可以为我国赚取大量的外汇，当前我国债务风险较高，外汇流失较大，金融安全受到多重挑战，稳定的外贸收益是控制金融风险的重要基础。最后，我国主要的进口物资分别为芯片、能源以及粮食，这些物资都是社会与经济发展的刚性需求，发展对外贸易是稳定进口渠道的最优方案。

二、对外经济贸易中存在的问题

（一）国际市场萎缩

自 2008 年美国次贷危机以来，国际形势发生了重大变化，北美、欧洲地区发达国家经济陷入萧条，商品需求逐年萎缩。同时传统的能源出口国，受到能源价格下调等因素的影响，其国内经济大幅下降，居民需求相应减少。再有近年来我国产品质量问题广受诟病，类似"三鹿毒奶"的事件时有发生，严重影响了中国制造的美誉度，使我国的对外贸易受到严重影响，多数国家出台了限制进口我国食品的政策，我国部分传统的外贸市场也转向日韩等国。

（二）国际竞争加剧

近年来国际局势发生了深刻变化，国际环境更加和平，基础建设飞速发展。受此影响许多国家积极参与到国际分工中，并对我国的优势产业发起了挑战。欧美地区发达国家逐渐转变了产业空心化政策，通过增设贸易壁垒扶持本国制造业的发展。同时，越南、印尼等东南亚国家借鉴了中国的发展模式，积极开发本国的人力资源，并在纺织等行业与我国形成竞争局面。再有部分国际零售商，在采购中刻意减少我国的配额以扶持新兴的工业国家。

（三）企业成本上涨

在国际层面，贸易保护主义逐渐抬头，迫于选举压力多国制定了对进口商品的限制措施，给我国企业带来了严重的影响。近年来人民币总体呈现升值趋势，使得我国的产品逐渐丧失了价格优势，迫于竞争压力企业往往会以降低利润的方式寻求订单。同时国内城市房价的快速上涨使得企业的用工成本不断攀升，给企业的发展制造了更多的困难。

（四）产业结构的问题

影响我国外贸发展的关键因素是产业结构的问题，但在改革开放 40 多年的过程中，产业结构并未发生本质的变化。我国最为常见的外贸模式通常是国际企业在中国设厂或分派订单，通过这种模式，国际企业拿走了研发、销售、品牌以及渠道等环节的利润，而中国外贸企业只能赚取微薄的加工费。另外，由于部分企业的不良行为，中国制造被冠以价低质劣的恶名，使中国企业的品牌发展较为困难。近年来，华为、联想等企业异军突起，为中国制造带来了好评，但就整体而言，我国出口企业的现状不容乐观。

三、促进贸易发展的措施

（一）扩展国际需求

受到国际需求萎缩的影响，我国外贸部门应当积极转变观念，为外贸企业拓展新兴市场。一方面，在美国减税政策的影响下，世界主要国家纷纷推出吸引外资企业投资的优惠政策，我国政府也应当拟定更加优惠的招商政策，并依托我国强大的产业集群与内需市场，吸引优质的外资企业。这些企业的进入不仅会创造就业岗位、带动投资，更会促进上下游配套企业的生产，从而带动我国的出口贸易。另一方面，外贸部门应当借助"一带一路"倡议，引导我国民营企业开发东南亚以及非洲市场。传统的贸易关系中由于这些国家缺乏创造外汇的能力，因此在以美元为结算货币的国际贸易体系中，民间贸易难以对接。但在新形势下，中方银行可给予该国人民币贷款，推动其与我国企业进行交易。

（二）加强自身建设

近年来，国际竞争日趋加剧，我国产品的质量问题将会在未来严重影响外贸发展。瑞士、德国等国家的产业工人在社会动荡、物质匮乏的条件下仍然可以保证严谨的工作精神，使本国的产品名扬海外，而我国产业工人群体无法培养出类似德国的宗教情怀或是日本的自律精神。依据我国文化内涵，政府层面应当严格把控产品的质量，并利用经济杠杆促使企业提升对产品质量的重视。同时对于部分管理机制先进的企业，政府应当予以经济扶持，使其可以进口先进的生产设备，从而提升企业竞争力。

（三）缓解企业压力

受到国内外各种因素的影响，我国出口企业的生存压力逐渐加大。针对这一问题，我国政府应当为企业创造更为优质的发展环境。一方面，我国政府可以引导出口企业进入到房价较低的内地开设厂房，从而减缓企业的生产成本；另一方面，我国政府可以发挥我国产业的集群优势，建立行业统筹机制，将企业的生产力进行有机结合，并且利用共享经济学，将企业的订单与生产力相调配，使优质企业可以专心生产核心产品，小型企业也可以通过转包的形式获得小额订单。

（四）调整产业结构

在全球产业分工中，我国多数的外贸企业仍然处在产业链的中下游，难以获得渠道、品牌甚至研发环节的利润。为了提升我国外贸的产业结构，我国政府可以以抢占渠道为主攻方向，促进我国企业的品牌建设与研发。由于国际市场限制我国国有资本的收购行为，因此我国政府可以鼓励民营企业收购沃尔玛等国际零售企业的股份从而提升国际话语权。我国政府还可以鼓励电商企业走进国际市场，以推动我国的外贸发展。掌握商品流通的渠道，不仅可以向世界推荐国内品牌，还可以利用大数据工具提升我国企业的研发能力。

第二节 改革开放四十年对外经贸在我国经济中的角色变迁和展望

改革开放四十多年来，中国经济伴随着出口贸易的迅速扩大而高速增长。1978年我国GDP为3679亿元，到2016年已达到743585亿元，增长了约201倍。同期，出口贸易总额从1978年的168亿元增长至2016年的138455亿元，增长了约823倍。与此同时，出口贸易总额在GDP中所占的比重也不断上升，从1978年的约4.6%升至2016年的约18.6%。在改革开放四十多年的不同历史阶段，对外贸易在我国经济增长中所发挥的角色也有所不同，贸易收入弹性（出口增速/GDP增速）大约有一半年份都超过2，可见对外贸易在我国经济增长中扮演了发动机的角色，所以我国也被称为"出口导向型"经济的典型代表。然而，自2008年国际金融危机以来，我国对外贸易增速迅速下滑，贸易收入弹性首次出现负值，为-1.95。后危机时期，我国外贸增速有所反弹，但出口贸易的高速增长再也未能持续，贸易收入弹性逐年下降，2015年和2016年均为负值。未来，在提质量、调结构的背景下，如何看待对外贸易在经济增长中的角色和地位，值得我们深入探讨。

一、关于贸易在经济增长中作用的不同理论观点

迄今为止，关于对外贸易在经济增长中的作用，经济学界并没有形成系统的理论体系，总的来说，可以归结为以下三类：贸易乐观主义理论认为贸易是经济增长的发动机；贸易悲观主义理论认为贸易对经济增长的负效应大于正效应；贸易折衷主义理论认为贸易是"增长的侍女"。

英国学者罗伯特逊在1937年提出"对外贸易是经济增长的发动机"，认为后进国家可以通过对外贸易，尤其是出口增长来带动本国经济增长。20世纪50年代，美籍爱沙尼亚学者纳克斯对这一命题进行了补充和发展，他认为：19世纪中心国家的经济增长，通过对外贸易可以带动外围国家的经济增长，对外贸易起到经济增长发动机的关键因素。Sachs等（1995）认为发展中国家可以通过对外贸易学习先进的技术，进而提高生产率，促进本国经济飞速发展。Galina等（2004）用1970—1990年86个国家的面板数据研究了出口与经济增长的关系，认为技术密集型产品的出口促进了GDP的增长。关于中国对外贸易与经济增长之间的关系，也有很多实证研究支持"发动机"

观点。例如，沈程翔（1999）研究发现中国出口贸易与GDP之间存在着互为因果的双向联系，并且出口贸易对GDP的作用相对而言更大；林毅夫、李永军（2001）认为传统的方法倾向于低估外贸对于经济增长的贡献，采用改进的方法测算出2000年中国出口对GDP的贡献率为2.81%；吴振宇、沈利生（2004）利用投入产出模型研究结果发现，中国出口对GDP的增长起到了良好的推动作用；王坤、张书云（2004）研究发现，不论是长期还是短期，中国出口增长都是GDP增长的格兰杰（Granger）原因；戴翔（2010）认为中国实施"出口导向型"模式具有可持续性，中国可在后危机时代继续奉行这一战略。

也有人持悲观主义的观点，如阿根廷经济学家普雷维什和德国经济学家辛格认为对外贸易非但不是经济增长的"发动机"，反而会导致经济发展的"贫困化增长"。Jang C.Jin和S.H.Yu（1996）通过对美国出口贸易与经济增长之间关系的研究发现，两者不存在明确的因果关系，美国的出口增长对经济增长的促进作用并不明显。Richtering（1987）、Greenaway和Sapsford（1994）、Burney（1996）、Cotsomits（1991）认为选择时期的不同会导致"出口导向经济增长"假设检验结果的不同。还有学者认为出口贸易对经济增长的作用只有在国家达到某个最小发达水平时才会发生，比如Michaely（1977）、Moschos（1989）。关于中国对外贸易与经济增长之间的关系，杨全发等（1998）对我国1978—1995年的数据进行回归分析，认为出口贸易的增长并不像想象的那样对经济增长起到促进作用；彭福伟（1999）认为净出口与经济增长并非强度相关；王永齐（2004）认为中国的贸易结构并不显著影响经济增长；钱树静等（2011）、桑榆（2015）则认为中国出口贸易对经济增长的推动作用只是短期的，在长期内并不明显。

美国经济学家克拉维斯（1979）认为对外贸易是经济增长的"侍女"，一国经济增长主要由其国内因素决定，外部需求只构成了对增长的额外刺激，这种刺激在不同国家的不同时期有不同的重要性，外贸既不是增长的充分条件也不是必要条件。朱文晖（1998）认为，此前20年，对于中国的经济成长，出口并不是主要推动力，经济增长更多来自投资和消费需求等内需；樊明太（2000）认为，中国对外贸易对拉动经济增长和总需求扩张不具有主导作用；江小涓（2010）分析了1978—2009年我国经济增长的内外需结构现状，认为内需占总需求比重超过90%，对增长的贡献超过80%。

二、不同发展阶段对外贸易在中国经济增长中的作用

改革开放四十多年来，关于外贸在我国经济增长中的作用，以入世为时间节点，大体上可以分为两个阶段。

（一）入世以前

在这一阶段，外贸对我国经济增长的促进作用，通过发展劳动密集型产品为主的出口导向型经济实现。在这一阶段，对外贸易又可以划分为两个小的阶段。

1.1978年至1991年，对外贸易是经济增长的发动机

1978年改革开放以来，中国贸易政策从进口替代和自力更生转变为推动出口和对外开放，走出了一条外需拉动型经济增长的道路。出口规模从1978年的168亿元增加到1991年的3827亿元，而GDP则由1978年的3679亿元增长到1991年的22006亿元。贸易收入弹性除1983年外均大于1，特别是1979年、1980年、1981年、1986年、1987年、1990年和1991年，均高于3，1990年甚至高达13.51。这说明改革开放以来，我国出口贸易增速远远高于GDP增速，有力地促进了经济增长，成为拉动我国经济增长的重要引擎。

在这一阶段，促进我国对外贸易迅速发展的因素主要来自制度性变革。在外贸体制改革中，最为核心和最为重要的是不断下放外贸经营权（贸易权）。我国1983年对部分国有大中型企业开始赋予自营进出口权的试点工作；1985年将从事外贸经营许可的审批权限从中央下放到地方；1988年将进出口权进一步下放到省级外经贸主管部门及经济特区、经济开发区所在城市的外经贸主管部门。1978年到1987年，通过下放对外贸易经营权、增设对外贸易口岸等改革措施，我国对外贸易的活力得到激发。我国1986年出口额突破百亿元，是1978年的6.4倍。为进一步促进外贸发展，1985年开始实施出口退税政策，1988年采取一揽子外贸改革，包括外汇留成、鼓励来料加工出口以及全面出口退税等。1988—1990年，我国全行业实行承包经营责任制，对促进对外贸易特别是出口贸易的发展起到了重要作用。一系列外贸改革措施的推行，使得我国对外贸易在这一阶段迅猛发展，有力地带动了经济增长，1990年贸易收入弹性达到13.51的峰值。

对外贸易的发展伴随着出口产品结构的变化，以及相应而来的经济结构的调整和优化。改革开放前，我国出口商品基本以农副土特、原材料等初级产品为主。改革开放后，我国工业制成品占出口总额的比例持续快速增长，而初级产品所占出口比例则不断下降。1981年，我国初级产品出口比例首次降到50%以下，降为46.6%，而工业制成品首次超过50%，达到53.4%。1986年，我国初级产品所占出口份额降到36.4%，工业制成品所占出口份额上升至63.6%。从此，我国出口商品结构真正实现了从初级产品为主向工业制成品为主的转变。

2.1992年至2001年，对外贸易对经济增长的影响波动较大

1994年，我国推出一系列经济改革措施，沿着统一政策、放开经营、自负盈亏、工贸结合、推行代理的方向继续深化外贸体制改革，强化外贸企业自负盈亏机制。1994年1月1日起，我国的外汇体制进行了根本性的改革，取消汇率双轨制，采用汇率并轨，实行以市场为基础的、单一的、有管理的浮动汇率制度。汇率并轨消除了人民币高估现象，为中国扩大出口贸易创造了极其有利的条件。

同期，外商直接投资对促进我国的出口增长发挥着重要的作用。外商投资企业出口额在全国出口总额中的比重大幅度上升，出口额从1992年的173.60亿美元上升至

2001年的1332.35亿美元,占我国出口总额的比重从1992年的20.44%上升到2001年的50.06%。姚顺利(2007)认为优惠性的外资政策是推动我国出口贸易迅速增长的最重要原因,Barry Naughton(1996)认为,中国虽然有很多的经济特区、开发区等等,但所有这些都不足以成为中国外贸增长最主要的原因,最主要的原因是出口导向政策对外资的优惠待遇,而这种优惠政策不分地区,只要出口就有优惠。

这段时期我国出口对GDP的贡献率在保持上升趋势的同时有些波动。贸易收入弹性大于1的年份有1992年、1994年、1995年、1997年及2000年,而1993年、1996年、1998年、1999年和2001年的贸易收入弹性则低于1。出现波动的原因主要有两个:一是受1997—1998年亚洲金融危机的影响,1998年我国的出口增速由1997年的20.6%迅速下降至0.4%,而GDP增速也由1997年的9.2%下降至7.8%,致使1998年我国的贸易收入弹性仅为0.05。在此背景下,我国提出"千方百计扩大出口"的政策口号,并大力推进"大通关"建设,提高贸易便利化程度。另一个是出口退税政策变动影响了出口贸易。1994年,我国税改,平均出口退税率上调至16.63%,促进了出口积极性,但这项政策只实行了一年。1996年,我国大幅下调出口退税率,平均退税率下降至8.29%,这使得我国出口贸易受到较大影响,1996年出口增长率仅为1%。随后的1997年亚洲金融危机使我国出口增长率创下新低,1998年我国出口增长率下降至0.4%。在此背景下,我国又再次提高了出口退税率,纺织品和纺织机械最先恢复到17%的退税率,之后对各个行业的出口分次分批逐渐调高退税率。

在这一阶段,尽管从数量上看我国对外贸易对经济增长的贡献出现波动,但贸易带来的技术进步、结构调整、要素禀赋优化等因素,继续对推动经济增长做出贡献。反映在出口结构上,我国制成品在出口中占比超过80%,以出口纺织产品为主向出口机电化工、高新技术产品等产品转变,出口产品附加值和技术含量不断提升。例如,1996年机械及运输设备的出口占我国出口总额的23.4%,2001年则提升至35.7%。出口结构的优化反映出我国经济结构的优化和增长质量的提升。

(二)入世以后

2001年加入WTO之后,随着关税下降、市场扩大,我国开始融入全球价值链,外贸通过实现规模经济带动经济增长。在这一阶段,对外贸易也可以划分为两个小的阶段。

1.2002年至2008年,对外贸易对经济增长再次起到"发动机"作用

"入世"是当代中国最重大的改革开放,是中国社会真正融入全球的一步。受2001年加入WTO以来的全球化红利、关税下降和鼓励出口政策等影响,我国进出口贸易规模迅速增长,进出口贸易总额从2002年的51378亿元增加到2008年的179921亿元,世界排名由第六位升至第三位,出口跃居第二位。这一阶段,我国的出口增速

与GDP增速之比除2008年受国际金融危机影响为0.74以外，其他年份的贸易收入弹性均大于1，说明出口对我国经济增长具有较大的拉动作用。

在这一阶段，推动我国外贸持续高速增长的因素来自需求和供给两侧。从需求层面看，加入WTO意味着WTO成员大幅度降低了对我国出口的关税水平，非关税壁垒得到规范和约束，我国获得了稳定可预期的外需条件。从供给层面看，主要有两个方面：一个是内部制度层面的持续改善。加入WTO标志着中国外贸经营体制的又一次深刻变革，在加入WTO后三年过渡期内，中国逐步放开了贸易权的范围和可获性，取消了贸易权的审批制。同时，在非歧视原则、自由贸易原则和公平竞争原则下，我国调整、修改了不符合WTO规定的政策法规，对外贸易自由化便利化水平不断提高，加快了外贸主体多元化步伐，使外贸企业的发展环境越来越宽松。另一个就是我国融入了全球价值链，凭借丰裕的劳动力要素和廉价的劳动力成本，嵌入到全球价值链中加工装配等劳动密集型生产环节并逐步成长为"世界工厂"。同时，我国不断提升在全球价值链上的地位，逐渐摆脱了中间品吸收角色的低端定位，逐步改变为中间品的提供者，经济结构向着更高技术水平、更高增加值的方向调整演进，经济增长的水平和质量不断优化。

也正是在这个阶段，随着我国外贸高速增长，国际收支"双顺差"出现，外汇储备屡创新高，外贸政策目标开始出现转向。主要有两个方向：一个是"转型升级"。2004年，国务院政府工作报告中首次提到"加工贸易转型升级"，2005年以后"转型升级"具体表现为转变外贸增长方式、支持自主品牌和高附加值产品出口、控制"两高一资"产品出口、促进加工贸易转型升级。另一个是"贸易平衡"。我国在2004年提出"对外贸易适度增长"，2005年提出"国际收支基本平衡"目标，致力于改善进出口不平衡状况，2007年提出"缓解外贸顺差过大"。在此政策导向下，我国出现了一些不利于出口的政策措施。例如，2004年我国分批调低和取消了部分"三高"产品出口退税率，降低了部分传统出口行业的出口退税率；在外资政策方面，我国调整了原来盲目引进外资的状况，开始强调优化外资结构，进一步加强对外资产业流向的指导；2006年国家发改委制定的《利用外资"十一五"规划》明确了我国利用外资政策的战略转变，对外资的"超国民待遇"政策进行了明显的调整。

2.2009年以来，贸易对经济增长的促进作用减弱

2008年全球金融危机对全球贸易造成了严重冲击，经济学界将2009年全球贸易增速大幅下滑的现象称为"全球贸易大崩溃"。后危机时代，全球经济衰退，导致外需大幅下滑、贸易保护主义日益蔓延、贸易摩擦加剧等，使得出口导向型发展模式难以为继。在此背景下，中国对外贸易对经济增长的拉动作用也呈明显下降趋势。2009年我国贸易收入弹性首次出现负值，为-1.95，出口增速大幅落后于GDP增速，出口对经济增长呈现出反向拉动作用。2010年和2011年，在2009年较低的出口基数基础上，

我国对外贸易开始反弹，贸易收入弹性分别为 2.88 和 1.60。但自 2012 年以来，我国出口增速再次落后于 GDP 增速，2015 年和 2016 年再次出现负增长，贸易收入弹性均为 -0.28。从宏观调控的角度看，2012 年至 2015 年我国外贸增速均未达到当年预期目标，也明显低于"十二五"规划的目标 10%。这是加入 WTO 以来，我国首次未能完成对外贸易五年规划的增速目标，以至于 2016 年我国不再设定外贸增速目标。总之，外贸下滑速度之快远超预期，超调幅度大于全球平均水平，已成为我国经济步入新常态和下行周期的重要因素。

近年来，我国在全球市场份额稳中有升，在全球价值链中逐步摆脱对进口零部件的依赖，这种产业竞争力提升本应改善出口表现，但现实却是出口乏力、顺差缩水相对较快，这说明贸易超调并非市场自发形成，而是与追求贸易平衡的政策导向有密切关系。在 2008 年至 2009 年全球金融危机期间，我国仍然以"稳外贸、促平衡、降顺差"为目标。随着经济进入新常态，我国外贸增速从两位数下滑至个位数乃至负增长，仍然保持"贸易平衡"政策目标至今。整体而言，"贸易平衡"的主要考虑是降顺差，这一政策直接导致我国贸易顺差下降较快。2010 年以来，我国经常账户余额占 GDP 比重已从 2007 年的高点 9.5% 下降至 4% 以下，2016 年降为 1.8%。

在"贸易平衡"目标下进行的政策调整恶化了我国的营商环境和国际竞争力。第一，对于符合 WTO 规则和国际惯例的出口退税政策、税率频繁调整，带来了不稳定的政策预期。第二，社保政策进一步削弱了劳动力成本优势和出口竞争力，而且政策自出台以来在各地执行时间和力度不一。第三，外资政策由给予优惠转向选择性引资，一些地方不再欢迎加工型外资，一些外资企业撤离我国。第四，对美、欧、日、韩等主要国家在华商会的调研发现，外资认为我国商业环境出现排外情况，并将"法律法规执行不一致或不清楚"列为第一大商业挑战；25% 的受访美国企业表示已经或准备将产能移出中国，11% 的受访欧洲企业表示已经计划将投资转移至其他市场。

三、当前围绕对外贸易角色作用的争论

从改革开放历史上看，每次大的国际经济危机之后，都会引发人们对"出口导向"发展模式的争论和反思。1997—1998 年亚洲金融危机的爆发使人们对出口增长型战略的长期适用性产生了怀疑。一方面，新重商思路带来了"内外分割"的体制和严重的结构失衡，被认为是导致亚洲金融危机的重要内因；另一方面，中国致力于出口增长型战略也削弱了其他亚洲国家继续实施这一战略的有效性。2008 年国际金融危机后，很多观点认为出口导向发展模式在长期内难以持续发展，转型的压力来自国内外各种因素的变化。从国际层面来看，庞大的贸易规模和迅速增长的市场份额使得中国继续实施"出口导向"难以为继。从国内层面来看，"出口导向"的发展模式扭曲了生产要

素配置，支持其发展的比较优势基础也在逐步弱化，而预想中的贸易获益也比较有限。

过去，出口和贸易顺差是拉动我国经济快速增长的重要动力。现在，我国在迈向新的发展道路时，各方对对外贸易的角色定位有些模糊，甚至产生了一些"传统出口产业比重越低越好""加工贸易越少越好""外贸外资政策越'清'越好"等认识误区。特别是，追求贸易平衡的观点认为我国顺差太大、出口过多，应采取限制出口的措施。实际上，这种观点在理论和经验上都站不住脚，从我国实际来看更不符合当前发展的阶段性特征。

过去支持贸易平衡的观点主要有：第一，全球贸易不平衡带来金融不稳定性，是2008年国际金融危机的根源，但全球不平衡不可能长期持续，因此我国要促进贸易平衡；第二，贸易顺差带来我国被动货币投放和巨额外汇储备，不仅通货膨胀压力加剧，而且外储具有规模太大而难以管理的问题；第三，贸易顺差带来我国越来越大的外交压力，包括特朗普当局在内的多届美国政府都针锋相对地提出要纠正对华贸易逆差。

如今回顾这些观点都经不起实践的考验。第一，全球贸易不平衡问题直到今天都依然存在，说明国际金融危机并非贸易不平衡的必然产物。第二，贸易顺差也不必然带来金融管理压力。德国、韩国至今都有巨额贸易顺差，但并没有通胀压力。从实际来看，我国近年来的贸易顺差不仅没有带来通胀问题，也没有转化为被动货币投放，反而迫使人民银行主动转变货币投放方式，对外储的担忧也从"是不是太多"变为"是不是足够多"。第三，美国贸易逆差是其国内储蓄率偏低和国际分工角色决定的，不是中国造成的。即便不是中国对美产生贸易顺差，也会有其他国家对美形成顺差。近年来越南承接大量国际产业转移，对美国顺差急剧扩大也正好印证了这一点。

从理论上看，贸易平衡与否不应成为政策干预目标。国际收支是否平衡是由经济内生决定的，不应成为政策调控的目标。现在大多数经济学家都认为，一个国家不会在每一时期都保持贸易平衡或经常账户平衡。国际收支的基本等式是"储蓄－投资＝出口－进口"，这意味着我国贸易顺差的根本原因是储蓄过剩，决定了我国是"生产型"国家；相反，美国贸易逆差的根本原因是储蓄不足，形成了"消费型"国家。贸易顺差是我国在特定发展阶段，由宏观经济结构内生所决定的，不会随着贸易政策的变动而发生改变。

从国际经验来看，在贸易顺差中成功实现经济发展的案例较多，在贸易逆差中实现经济增长的模式很难复制。纵观世界主要国家发展史，或是贸易顺差，或是贸易逆差，实际上很少出现理想化的贸易平衡。德国、日本、美国等国家在崛起过程中都曾长期伴随贸易顺差，在经济成熟后走向了不同模式。1998年亚洲金融危机后，东亚国家宏观经济目标便是积累足够多的外汇储备。德国出口总额已连续七年打破纪录，贸易顺差连年上涨，2016年顺差总额达到2970亿美元，创第二次世界大战以来最高水平，超过我国再次成为全球最大贸易顺差国。日本曾连续三十一年保持贸易顺差，尽管 2010 年以来开始出现贸易逆差，但由于庞大的海外投资收益，经常项目保持盈余。德国贸易顺差反映出的是其制造业强大的国际竞争力，日本经常项目顺差反映出的则是"对外贸易＋对外投资"双驱动模式的成功。可见，贸易顺差多本身不是问题的症结所在，不能因此而把贸易平衡作为政策调控目标。

总之，上述争论涉及一个重大的理论和现实问题，那就是在中国现在的经济发展阶段，如何认识对外贸易对于经济增长的作用，我国还要不要大力发展对外贸易，以及如何看待对外贸易对于经济增长的贡献。

四、未来对外贸易在我国经济增长中的作用

近两年，从全球范围看，我国贸易增速基本保持与经济增速一致，贸易在经济增长中基本上是"稳定器"的作用。从经济发展阶段看，我国工业化进程仍未结束，制造业仍然是实体经济发展的根基，在全球价值链中的地位短期内不会改变，较长时期内仍将是"世界工厂"。这就决定了对外贸易仍将在我国经济增长中扮演重要角色。在未来提质量、调结构的国家经济总体发展战略中，我国对外贸易仍然能够发挥经济增长"稳定器"的作用。

第一，比较优势动态调整中我国仍然具有发展对外贸易的基本动力。根据雷布津斯基定理，在要素禀赋理论框架下，一国发展过程中资本积累逐步增加，资本存量相对劳动力上升，导致劳动密集型产业相对下降，资本密集型产业相对上升。这一理论假说正在我国发展中得到应验。目前，我国虽然人口红利正在衰减、劳动力成本优势下降，但资本积累提升已经变成重要的比较优势来源。通过计算资本丰裕程度（储蓄额/GDP）与劳动力丰裕程度（劳动力/总人口）之比可知，改革开放四十年多来我国资源禀赋状况持续朝着有利于资本的方向发展，由 1978 年的 0.14 上升至 1991 年的 0.74，到 1997 年已经超过 1，2015 年和 2016 年超过了 1.5。反映在经济和贸易结构中，我国比较优势优化的产品篮子构成在发生变化，资本密集型产品逐渐占据主导地位。同时，随着我国经济发展和居民收入提高，中国的大国市场成为新的比较优势来源和开展国际贸易的新动力，国际贸易理论中的"母国市场效应"理论有望实现，这在我国跨境电子商务、电子产品等高技术领域已经得到印证。

第二，出口产业仍然能够对提高经济增长质量发挥基础性作用。从理论上看，出口企业相对于非出口企业具有更高的生产率。从实践上看，我国推动外贸转型升级取得了较大的进展。我国在全球价值链分工中逐渐摆脱了中间品吸收角色的低端定位，目前出口中的国外增加值水平由升转降，基本回落到了加入 WTO 之初的水平，同时在全球价值链分工中的中间品提供角色有所强化，总产出中的国内增加值比重、出口中的国内增加值比重两项指标，都由 2008 年全球金融危机前的下降转为危机后的上升。

因此，推动价值链升级仍将是我国出口部门提高增长质量的重要途径。然而，迈向中高端不能建立在"空中楼阁"之上，我国不少地方实施"腾笼换鸟"，把传统出口产业赶走，结果"笼子"腾出来了，"换鸟"工作却不理想。实际上，现代产业分工高度细化，中高端产业也需要漫长的供应链、庞大的产业集群做基础，传统出口产业往往就是这些产业基础的重要组成。电动汽车的电池技术起源于美国，但数十年前美国产业加速升级，把电池作为传统产业外迁到日本等地，导致今天特斯拉等美国电动汽车巨头受到了松下等电池供应商的制约，反过来阻碍了美国高新技术产业发展。

第三，对外贸易稳定增长有助于缓解我国经常账户未来存在的赤字风险，稳定宏观经济状况。考虑到"海外淘"等"表外项目"的影响，我国现有统计有高估贸易顺差，真实的贸易顺差大幅低于统计数字的情况，有研究认为这一数字应减少1/5，我国贸易顺差情况并不乐观。我国服务贸易逆差扩大也不容忽视。自1998年以来我国服务贸易就出现逆差，但是逆差数额较小，2008年以后服务贸易逆差迅速增加，2016年服务贸易逆差为-2426亿美元。我国居民收入提高和消费升级决定了进口服务需求还会增多，服务逆差占GDP比重扩大的趋势短期内不会改变。同时，我国投资收益也处于逆差状态。投资收益是收益项重要的组成部分，我国自2009年以来一直为逆差，2016年投资收益为-650亿美元。总体而言，我国服务贸易和投资收益逆差规模已经相当可观，2016年占GDP比重超过2.5%。我国经常账户目前是"货物贸易顺差＋服务贸易和投资收益逆差"的收支结构，但如果货物贸易顺差延续缩水态势，未来货物顺差无力弥补其他项目逆差的风险将进一步暴露，经常账户有可能从盈余变为赤字。

第四章　新时代背景下国际贸易的基本内容

第一节　国际商品贸易

将国际贸易和地区间贸易分开研究，是因为国界和一国内部各地区的划界不同，国界对商品流通及生产要素移动有不同的阻碍作用，而且各国货币体制不同，更使国际贸易与其他类贸易的机制迥异。此外，在一国范围内，各地区的许多重要经济变动都有共性，相对来说外国的地区则不同。例如，关于工资及劳动条件的集体协议，往往影响整个国家的工业，但对国外同类工业并无影响。因此，国家自然被视为一个整体，并研究国家之间的贸易关系。

一、商品跨国流动障碍：贸易品与非贸易品

运输距离、运输路线、运输方式、运输对象、运输量以及运输风险等都会影响运输成本，而运输成本构成的国际商品流动障碍会导致贸易减少，当然，运输成本还取决于提供运输服务的生产要素成本和其他运输设施等。

除运输成本外，国家边界也是影响国际贸易的重要障碍。国家边界的政治内涵意味着税收管辖权的分割，由此带来的关税壁垒以及相关的行政程序都会成为阻碍国际贸易的因素。另外，诸如语言、法律、银行体制、习惯及传统等其他环境方面的国际差异，都会使国际贸易比国内贸易更困难，而政府对本国货的偏爱、诱导人们相信本国货优于外国货的运动等也都或多或少会影响国际贸易的发展。

当商品流动障碍引发的成本足够大，足以抵消国家间生产成本的差异时，就会造成一些商品的跨国交易无利可图，从而沦为所谓"国内市场商品"（非贸易品），只能在国境内自销；而涉及国际贸易的商品则称为"国际市场商品"（贸易品），可以是出口品，也可以是进口品。

"国内市场商品"可进一步区分为"竞争性国内市场商品"和"非竞争性国内市场

商品"。前者在满足国内市场需求上与进口品是直接竞争关系，二者的价格变动趋势及幅度具有一致性，且互为影响。后者也称为"纯粹国内商品"，与外国商品无直接竞争关系，其价格变动与进口商品价格基本无关。当然，某些"国内市场商品"也与本国出口品相竞争，其价格也随出口价格变动而变动。

难以运输的商品只能布局在消费（使用）地生产，因而是典型的非贸易品（国内市场商品），例如房屋、不易保存的熟食等生产几乎不存在国际分工的问题。服务一般也视为非贸易品。关税作为商品移动障碍会影响类似的商品分类。一般而言，原材料的进口关税相对较低，半成品的进口关税要高些，而制成品的关税则更高。所以，在很多国家原材料是主要的贸易品，制成品则由于高关税而成为"国内市场商品"。

二、国内市场的分割

对外国货物设置的移动障碍过大，本国市场就会隔绝于外部市场，完全由国内工业占领；或者，所设置的障碍太小，本国市场所需的某些商品就会全部由国外生产者供应，本国市场与外部市场完全融合。现实世界一般介于二者之间，本国市场与外部市场既不完全分割，也不完全融合，通常处于一种不完全竞争状态。俄林在20世纪30年代初对陶西格的观点提出异议时就曾用产品差异化理念做过描述，认为外国货与本国货有时质量虽不一样，但竞争不相上下，它们之间因品牌、广告宣传等而存在某些"差异"，从而使一部分人购买某种等级的外国货，另一部分人则喜用本国产品；有些国家既出口汽车，又进口汽车，却不是因为货物质量、价格有大的差别。

在一国国内市场上，进口商品与本国产品之间的竞争是长期存在的。但与此同时，由于各种原因，国内市场在进口商品和本国产品共同占据下而遭到分割。其中包括：国内运费阻碍外国商品在国内市场流动，使其进入国内后仅停留在进口地或邻近地区销售；同样，本国商品也仅在生产地及邻近地区（包括相邻国家边境地区）销售，而不与远处国内市场的进口品相竞争。这种本国产品与进口商品之间的市场分割并不依赖于国界，因而，划分国内市场商品与国际市场商品时需要谨慎。另一种国内市场被进口商品和本国商品分割的情况是，国内产能不能满足国内市场需求，其中一部分市场为外国进口商品占有。这种场合往往竞争性较强，若国内企业缺乏竞争力，时间一久就可能被迫退出市场；反之，经技术或其他的有利转变，则可能夺回更多市场份额。竞争性市场分割，并非仅是靠价格差异。很多商品的销售，即使价格高于竞争对手也能取胜，其原因在于真正的产品质量优势，或者是通过现代营销取得了商誉、商标或销售渠道优势。

农矿产品与上述工业制成品分割市场的情况不一样。通常只有当价格上涨时，农矿等初级产品的供给才会增加，而初级产品的进口及其进口价格的形成通常出现在国内产能不能满足国内需求之时。降低进口初级产品的价格会导致国内产量减少，但不会停产。换言之，与工业制成品相比，初级产品的价格供给弹性低，就造成了初级产品与进口品的竞争关系不同于制成品。这种差异的根源在于，初级产品生产所需土地等自然资源专用性强，缺乏竞争性用途，即这些基础要素转换用途的成本高、黏性大。举例来说，小麦跌价压低了麦田的价格，但使用这些土地种植小麦仍可能有利可图，因为可用作麦田的土地毕竟有限，同时麦地的租金也会降低。而资本和劳动则不同，这二者都富有竞争性用途。工资和利率只会在短暂时间内被大幅压制到一般水平之下，否则，某产品因竞争而降价，会迫使资本和劳动因报酬减少而转向其他产品的生产，最终导致减价商品产量的减少。因此，农矿类产品与制成品相比，其国内市场上的本国产品与进口商品的竞争程度要小得多。

另外，一国市场不但可由本国厂商和外国厂商分别经营、分割市场，而且也可能由几个外国厂商竞争，而无本国厂商参与其间。这些外国厂商的生产成本并非一定相同，因为国际贸易障碍不同，可能在B对A的出口上障碍大些，而在C对A的出口上则小些（A和C因语言、生活习惯等相同而关系密切）。此外，虽然商品质量不同，但又不能看作不同类的商品，这种质量差异会造成市场分割，使每一竞争者各得一份。农矿产品市场的分割更加合乎自然规律，许多欧洲国家进口阿根廷及加拿大的小麦并不少于从美国的进口。

三、产品相对流动性与地区转运便利性

受转运费用的影响，不同生产阶段的产品流动性会有所不同。同时，转运便利程度的地区差异不仅会影响地区间不同的转运费用，甚至直接制约运输的可能性。这些因素对国际贸易的影响是显而易见的。

（一）不同生产阶段产出品的相对流动性

在其他条件相同的情况下，有些工业的选址是"靠近市场"，即靠近市场中心；另外一些工业则"靠近原料"。如果生产中需要多种原料，那么"靠近原料"的工厂在选址上以靠近最笨重原料的生产地为宜，因为笨重原料不仅运输更困难，而且运输距离越长，笨重原料亏蚀的重量也越多。

理论上来说，除非商品通过国境会遇到特别的困难，否则工厂是否都设在同一国家境内并无多大区别。然而，现实的确是存在障碍的，不同国家通常对原料、半成品及制成品会设置不同的进口关税。这无疑会改变不同生产阶段产出品的相对移动性，从而影响产业布局与贸易。当制成品移动的障碍大于初级阶段产品移动障碍时，初级生产阶段产品的相对移动性会增加。于是，不同阶段的产品生产会被分布到不同的国家，并增加国际贸易。如果不同阶段的生产分处各地，转运总费用的差异就必定是勘定厂址的唯一条件。当然生产要素分布的地区差异也会造成生产成本差异，从而

对确定厂址产生影响。

(二)不同地区转运便利程度的差异

各地转运便利程度会影响国际贸易。在其他条件相同的情况下,国际商品流通障碍所产生的影响,会使得国家之间的转运远比在国内运输困难。关税及类似的影响是一个典型。

首先,如果一国国内转运条件好,运输成本就会降低,这特别有利于需要多种笨重原材料的企业。如果一国国内运输便利,且拥有丰富的自然资源,该国的人均产出量就会很大,因此会形成大量的对外贸易,其国民也将享有相对较高的实际工资和名义工资。相反,国内转运条件比较差的国家往往趋向于生产易于运输的原材及其他专门产品,其国民的收入及生活水平势必也较低。人们常常认为生活水平降低的原因之一是一国人口增加引发的土地报酬递减,但这只适用于单纯初级产品的情况。

就国与国之间的运输便利程度相比较而言:①距外界的原料来源及市场较远,或是与外界交通不便的国家,在贸易上一般只能出口易于运输的货物。例如瑞典专门经营做工精细的棉、丝织品、钟表及高档机械等。②大国拥有的资源比小国多,但对外不一定有更好的转运关系。丹麦大部分制造业的转运关系比英国、美国及德国的某些地方都更好,煤、铁、钢、机器等都可能按低价购得,因此丹麦虽然缺少所有重要的原材料,但却拥有制造业,并享有高生活水平。

从不同生产阶段的产出品看,与初级产品相比较,后期加工阶段的产品同自然资源的关系不那么密切,而良好的转运便利性、劳动力和资本的供给条件更为重要。因此,后期加工阶段的产品在生产布局上通常都选址于同劳动力供给相适应的地方。如果人口增加时,生产力下降,这并非源于人均自然资源相对减少的土地收益递减率(因后期加工阶段的生产与自然无关),而是由于人均资本的缺乏,以及转运便利程度降低而造成的。类似这样的国家,由于需从远地进口原料和食品,出口的制成品也需销往远地以作交换,随着贸易量增加,国家可能面临双重损失:一是在国外市场的贸易条件可能变得不利;二是原料进口和制成品出口都需要支付更多的运费。

就转运便利程度的一般比较而言,大国的优势明显强于小国,因为大国比小国拥有更多的地区,与国外往来所需要的交通运输会较少,障碍也比较少。这一点对不同工业的影响是不同的,那些运输相对困难、生产规模大的产业在大国布局生产的优势是不言而喻的。

综上,凡是在国际转运便利程度高的国家都可以大量进行对外贸易,运输条件的改变会深刻影响一国的经济。苏伊士运河和巴拿马运河的影响不仅限于所在国,更是地区性,甚至全球性的。

四、转运条件、生产要素供给与生产布局

工商业布局及其特征,不仅取决于转运便利程度,而且还取决于要素供给等其他基本因素。如果一个产业所需的生产要素价格低,尽管转运便利程度低,该产业在竞争上仍可居于有利地位。更重要的是,转运便利程度与生产要素供给之间存在相互影响:一方面,劳动力和资本分布主要受经济环境支配,而转运便利条件就包括其中;另一方面,转运便利条件又受生产要素供给的影响,运输成本如同生产成本,都受生产要素价格的影响。

转运便利程度高的地区会吸引来自其他地区、甚至国外的劳动力和资本,这些地区往往会发展成为重要的市场,同时会由于运输行业的规模经济而获利;但该地区原材料和食品供应则需购自远方,人口过度集中会降低效率。与此相反,转运便利程度低、缺乏或没有自然资源的国家,人口势必稀疏,只能专门从事利用当地自然资源的小规模生产,优先出口易于转移的货物。

总之,国家是由地方区域组成,商品在国内及国家间的流动,转运便利条件就会影响生产布局和国际贸易。因此,世界范围的生产要素和市场分布状况,以及转运能力和转运便利程度的地区差别都值得关注。对一国而言,不但生产要素供给及其在本地的分布状况都是国际贸易的决定因素,而且需求的地区分布和不同生产阶段产出品的相对转移性也具有同样重要的影响。

此外,某一类经济活动的布局或多或少地会影响其他经济活动的布局,除非我们能够对转运便利程度以及影响当地劳力和资本分布的支配力量进行深入分析,否则就不可能真正了解工业的地区分布和国际贸易。

不容置疑的是,包含生产要素供给、需求市场分布以及转运便利条件在内的国内经济环境都是历史发展的结果。自然因素的影响力相对稳定且恒久,而人口、需求偏好、资本供应以及交通运输的便利程度等基本因素都会缓慢变化。这些变化受经济发展的影响,反过来也作用于经济发展。对外贸易的发展就是经济发展的一部分,它既是各基本定价因素综合作用所形成的生产布局的结果,同时也参与并影响要素供给、需求市场及转运条件的变化。

五、关于国际贸易的作用及利益

(一)决定生产布局和国际贸易的基本因素

对于决定生产布局和国际贸易的相互依存一般均衡定价体系,从需求方面看,影响因素包括:个人偏好和群体欲望、生产要素的所有权。从供给方面看分两方面,其中影响供给的因素有:生产要素和商品的物质属性、生产要素供给、经济运行稳定性、

生产的社会环境（如工业税等）、生产要素不可分性；影响布局的因素包括货物可运输性、生产要素分布地区的距离、运输能力、运输便利程度和转运的社会条件（如关税）。在供给方面，其中的生产要素不可分性、货物可运输性、运输能力都与生产要素和商品的物质属性的"物质属性"有关，可归并一体，构成"广义自然物质属性"（包含从生产和运输观点看产品与生产要素的质量）。

综合以上，可将支配生产布局的基本因素归结为四项:(a)个人的偏好与欲望;(b)广义自然物质属性（含产品和要素质量）;(c)生产要素数量及其地区分布（含转运便利性）;(d)要素所有权及生产和转运的社会条件。

上述各基本因素并非独立于价格的任何变动，其中任一因素的改变都会影响整个价格体系和国际贸易，进而影响其他条件，例如，若国内生产要素供给受影响，需求偏好也会有所改变，进而会引起价格体系的变化。

（二）关于国际贸易的作用

按照这样的相互依存一般均衡见解，"国际贸易的作用"一词的含义必须重新认识：如果没有这种贸易作用，情况将会怎样？

当国际贸易面临不可逾越的障碍时，不仅没有贸易发生，而且其他基本条件将会完全不同。所以，俄林认为，在这些假设的基本因素条件下，不值得对贸易的作用做过多的分析，更没有理由讨论从国际贸易中获取的总利益，以及总利益在各贸易国之间分配的问题；若将国际贸易的作用作为一个整体进行分析，必须着眼于长期的基础情况变化，如这种贸易对人口数量的影响。

（三）关于国际贸易的利益

相对于国际贸易整体作用的分析而言，俄林认为，在国际贸易中因商品跨国移动的障碍减少或增加，从而使贸易获得更多利益或遭受更多损失，这是更加值得研究的问题。如果其他基本因素的情况不变，这种变化的影响必须依据相互依存定价体系来分析。不过从长远观点看，跨国移动障碍的任何变化一定会导致其他基本因素的反作用。因此，分析减少跨国移动障碍的影响，唯一令人满意的方法是，既要考虑其他基本因素不受影响的条件下，定价体系方面可能产生的部分均衡变动；又要考虑其他基本因素做出实际反应，反作用于定价体系所引起的一般均衡变化。

于是，这就引出另一个十分有趣的问题，即当贸易发生或受到影响后，各国现有的货物数量会受到什么影响——如果货物总量增加，就可以说是"利益"；如果数量减少，就可以说是"损失"。

（四）运输成本与国际贸易的作用与利益

两国之间的运输成本可有较高、较低两种情况。依前述分析，运输成本低时，大量的国际贸易额会发生。一般而言，此时生产要素价格的国际不平衡较小，生产布局也在较大程度上更适应于当地的生产要素供给及其他基本因素条件,以货物和劳务方式计算的国民收入也会增加。

贸易的增加,即使没有使要素价格趋向均等,但在不同国家所引起的实际或潜在生产成本的均等化趋势就是经济情势变化的标志,这意味着世界产出量大幅度增加。例如,假设A国的煤矿和铁矿的产出价格高于B国,但是A国仍可以生产较廉价的铁,其原因是A国的煤、铁矿相临近,减少了国内的运输费用。如果两国之间的运输费用降低到能使A国出口一部分铁到需要铁的B国去,A国的资源价格水平将会上升,甚至能高于B国的价格水平。显然,运输费用的节省在这里已超过了A国钢铁工业开发耗资更大的自然资源所增加的费用。

第二节 国际技术贸易

一、国际技术贸易概述

(一)技术的含义及其特点

技术作为一种人类智慧的成果,应该是一种系统的知识。目前,国际上对"技术"还未形成统一认识。由于在认识角度上有差异,技术有狭义和广义之分。狭义的技术指的是那些应用于改造自然的技术,而广义的技术则是指解决某些问题的具体方法和手段。"技术"一词在不同的领域也有不同的解释,在社会科学领域,技术是指用于解决社会发展中所面临问题的具体措施;而在自然科学领域,则被认为是解决生产领域问题的某种发明或技能。世界知识产权组织(WIPO)在1977年版的《供发展中国家使用的许可证贸易手册》中,给技术下的定义是:"技术是指制造一种产品的系统知识,所采用的一种工艺,或提供的一项服务,不论这种知识是否反映在一项发明、一项外形设计、一项实用型或者一种植物的新品种,或者反映在技术情况或技能中,或者反映在专家为设计、安装、开办、维修、管理一个工商企业而提供的服务或协助等方面。"这是迄今为止国际上给技术所下的最为全面和完整的定义。实际上世界知识产权组织把世界上所有能带来经济效益的科学知识都定义为技术。

技术具有一些显著的特点:技术属于知识范畴,但它是用于生产或有助于生产活动的知识;技术是生产力,但它是间接的生产力;技术是商品,但它是一种特殊的商品,它比现有技术具有更高的经济价值,具有选择性和使用条件等。

技术可以被划分为若干种,是根据不同的标准而划分的。技术按其作用来划分,可分为生产技术和经营技术;按其形态划分,可分为软件技术和硬件技术;按其公开程度划分，可分为公开技术、半公开技术和秘密技术；按其所有权状况，可分为公有的技术和私有的技术；按其法律状态，可分为工业产权技术和非工业产权技术。

技术作为人类经验的总结和智慧的结晶，将会随着科学的进步而发展，人们也会借助于不断进步的科学方法来加深对技术的内涵和复杂性的认识。技术也将会成为人们认识自然、解决生产等领域所面临问题的最有力的武器。

（二）国际技术市场

国际技术市场是一种虚拟的市场，而非实体市场。但该市场又是客观存在的，集技术开发、技术交易、技术中介和技术信息交换等功能为一体的、按行业分割的市场结构。国际技术市场具有研究与开发格局由聚集转为分散、技术在其生命周期的早期就向海外转移、国际技术市场转让机制不断拓宽、软件技术占技术贸易额的比重不断增加、"技术国有化主义"趋势有所加强、跨国公司仍是国际技术市场上的主导力量等特点。

（三）国际技术转让与国际技术贸易

联合国在《国际技术转让行动守则草案》中，把技术转让定义为："关于制造产品、应用生产方法或提供服务的系统知识的转让，单纯的货物买卖或只涉及租赁的交易都不包括在技术转让的范围之内。"国际技术转让是带有涉外因素的转让，是跨越国境的转让。

国际技术转让与国际技术移动不同，国际技术移动是指技术从一个国家向另一个国家的移动，即技术的位移，这种位移可以发生在不同国家或地区之间，也可以发生在同一国家内的不同地区之间。而国际技术转让是指一国技术的所有者将技术的所有权或使用权转让给另一国的其他人，即技术的所有权或使用权的转让。技术的所有权和使用权属于知识产权的范畴。

国际技术转让分有偿和无偿两种，有偿的技术转让是一种商业性的技术买卖，无偿的技术转让则属于非常性质的技术援助。凡是通过双边政府间的带有援助性的经济合作或科学技术交流等形式所进行的技术转让，属于无偿的或非商业性的技术援助；而通过贸易途径并以企业为交易主体的技术转让则是属于商业性或有偿的技术转让。有偿的技术转让实际上是一种贸易活动。因此，有偿的国际技术转让也被称为国际技术贸易。

国际技术贸易，是指不同国家的当事人之间按一般商业条件进行的技术跨越国境的转让或许可行为。

国际技术贸易的标的是技术，而技术是一种无形的商品。在国际技术贸易的实际运作中，只有发达国家之间的技术贸易才会有单纯的软件贸易，发展中国家在开展技术贸易时，由于技术落后和应用科学技术的能力较差，往往在进行软件贸易的同时，还伴随着硬件贸易，即引进技术与进口设备相结合。与此同时，许多发展中国家为解决资金的严重短缺，又往往将引进技术和设备与利用外资相结合。国际技术贸易在国际贸易中的地位日益重要，其实际操作也日益复杂。

（四）国际技术贸易的特点

"科学技术是生产力"已被世界各国所普遍认识，各国竞相开展国际技术转让活动。随着国际技术市场竞争的日趋激烈，国际技术贸易出现了以下特点。

1. 发达国家在国际技术市场上占有统治地位

长期以来，国际技术转让活动主要集中在发达国家之间进行，发达国家的技术贸易额占世界技术贸易额的80%以上，而且主要集中在美、英、法、日、德等少数几个国家。这五国的技术贸易额占发达国家技术贸易总额的90%以上，它们既是技术的出口大国，也是技术的进口大国。近年来，发展中国家的技术进出口无论在数量上还是在种类上都有了长足的发展，但是在国际技术市场上的份额极为有限，一般不超过10%，而且还局限在少数几个新兴工业化的国家。实际上，发展中国家在国际技术市场上主要扮演的是接受者的角色，这与它们经济发展水平低和技术水平落后等原因有关。

2. 软件技术在国际技术贸易中的比重日益提高

20世纪80年代以前，国际技术贸易主要是通过引进和出口先进设备等硬件来进行的，只以软件为交易对象的交易较少，进口国往往是以购买设备等硬件为目的兼买软件。20世纪80年代以后，这种状况发生了根本性变化，以许可贸易形式进行的软件交易占据了主导地位，技术的进口国往往为了购买某项专利或专有技术而附带进口一些设备。尤其是发达国家间的技术贸易，软件技术的转让已占其技术贸易额的80%以上，其中美国的软件技术销售额每年递增达30%以上。近年来，发展中国家开始注重技术引进的效益，减少了硬件技术的引进，软件技术逐渐成为其技术引进的主要标的。

3. 发达国家的跨国公司控制着国际技术贸易

国际技术贸易不仅集中在少数几个发达国家，而且被这些国家和跨国公司所控制。据统计，西方国家的跨国公司控制着发达国家技术贸易的80%，而发展中国家技术贸易的90%也被控制在西方国家的跨国公司手中。这主要是与跨国公司资金雄厚、技术力量强大、重视技术开发，并拥有众多的专利技术有关。正是因为跨国公司在技术贸易中的垄断地位，它们在技术转让的谈判中处于有利地位，往往以垄断高价向发展中国家出售其技术，并附加一些诸如限制性采购等条件。跨国公司转让技术一般与资本输出和商品输出相结合，通过在东道国建立子公司或合资公司进行。

4. 国际技术市场上的竞争日趋激烈

国际技术市场上的竞争主要表现为发达国家之间的竞争。美国的技术出口遍及全球，日本的技术出口市场主要是亚洲，法国多向非洲国家出口技术，东欧则是德国的技术出口市场。各国为了保持原有的技术出口市场或扩大其技术出口市场份额，都在不断地进行技术开发。美国为保持其对尖端技术的垄断，严格控制本国先进技术的外流，并经常运用国家安全机密法和出口管制法来限制某些先进技术的出口。日本为保持自己在微电子技术等方面的领先地位，也加强了对技术出口的限制。与此同时，英、法、德三国也不甘寂寞，为了争取市场份额，经常联合开发与研究，如于20世纪70年代合作研制的空中客车飞机对美国航空技术的垄断地位提出了挑战。国际技术领域中的竞争正成为新一轮贸易战的主要焦点。

（五）国际技术贸易与其他业务的关系

1. 国际技术贸易与国际商品贸易的关系

国际技术贸易与国际商品（货物）贸易存在较为紧密的关系，从区别的角度来看：①贸易对象不同；②贸易当事人关系不同，国际技术贸易的当事人关系不只是单纯的买卖关系；③国际技术贸易比货物贸易更加复杂，操作难度更大；④政府干预的程度不同，鉴于技术贸易本身的性质以及各国政府对技术的重视，政府会更多地参与到国际技术贸易中来。

两者的联系体现在：①商品在国家间的流动实际是各种形式技术的流动；②技术贸易促进进出口商品结构向高级化发展；③技术贸易加速了国际贸易方式多样化的进程；④技术贸易成为疏通商品贸易渠道的手段。

2. 国际技术贸易与国际直接投资的关系

第一，技术转让是投资的一种方式，投资方向通常与技术转让方向具有一致性；第二，国际直接投资往往具有技术扩散效应、技术外溢效应、技术创新效应等。

二、国际技术贸易内容

国际技术贸易的标的是无形的技术知识，它一般包括受法律保护的专利技术、商标以及不受法律保护的专有技术。

（一）专利

1. 专利的含义

"专利（patent）"一词最早起源于中世纪的英国，当时英国国王为鼓励发展国内产业，对引进外国技术的个人发给一种专利证，授予其使用该技术的独占权，但专利权仍属于国王，这实际是现代专利制度的雏形。现代专利是指专利主管机关依照专利法的规定，根据发明人的申请，经审查并在符合法律规定的条件下，授予发明申请人在规定的时间内对其发明所享有的一种独占实施权。专利就其内容来说应包括三个方面：一是独占的实施权，即在一定期限内，发明人对其发明所享有的独占实施权；二是受法律保护的发明创造，包括发明专利、实用新型专利和外观设计专利；三是专利文献，它包括说明书、权利要求等。

2. 专利的种类

（1）发明专利。发明（invention）不同于发现，发现则揭示自然界已存在的但尚未被人们所认识的事物，而发明是指对产品、方法或其改进所提出的新的技术方案。发明一般有三个特征：一是必须是一种技术方案，即用来解决某一具体问题的方案，如果不能在生产中被利用，则不能取得法律的保护；二是对自然规律的利用，即是在对自然规律认识的基础上的革新或创造；三是具有最高水平的创造性技术方案，即比已有的技术先进。发明还有三种表现形态：第一种表现为产品发明，是指经过人们智力劳动创造出来的新产品，可以是一个独立的新产品，也可以是一个产品中的某一部件；第二种表现是方法发明，即制造某种物品或解决某一问题前所未有的方法；第三种表现是改进发明，即发明人对已有产品发明和方法发明所提出的具有实质性改革及创新的技术方案。

（2）实用新型专利。实用新型（utility model）是指对产品的形状、构造或二者的结合所提出的适用于实用的新的技术方案。实用新型具有三个特点：一是一种产品，如仪器、设备、日用品等；二是一种具有形状的物品，如气体、液体或粉状的物质；三是必须适用于实用。实用新型虽然是一种发明，但其技术价值较发明低，即对实用新型的创造性要求较低，其经济效益却不一定低于发明。实用新型亦被称为"小发明"。

（3）外观设计专利。外观设计（design）是指对物的形状、图案、色彩或其结合所作出的富有美感并能应用于工业的新设计。形状是指平面或立体轮廓，即所占的空间形状，无固体形状的气体、液体及粉末状的固体等不属于外观设计的范围。图案是指作为装饰而加于产品表现的花色图样、线条等。色彩是指产品表面的颜色。美感是指其形状、图案、色彩等所具有的特点，很多国家对外观设计不要求其具有美感。外观设计往往是外形、图案和色彩三者结合后所产生的富有美感的外表或形态，而不涉及产品的制造和设计技术。

3. 专利的特点

专利是一种无形的财产权，具有与其他财产权不同的特征，即专利具有专有性、地域性、时间性和实施性四个特征。

（1）专有性。专有性也称独占性或排他性，是指同一发明在一定的地域范围内，其专利权只能授予一个发明者，做出同一发明的其他人不能获得同一发明内容的专利权。发明与物质生产不同，在物质产品的生产中，每生产一份新产品就能产生一份新的财产，而技术发明是一项能被普遍应用的解决某一问题的新的技术方案。重复研制不能产生新的使用价值和增加新的财富，重复以前的发明也不能被称为发明。发明人被授予发明专利权后，其在一定的期限内享有独立制造、使用和销售权，其他人想要使用，必须征得专利权人的同意，否则属于侵权行为。

（2）地域性。专利权是一种有地域范围限制的权利。除有些情况下依据保护知识产权的国际公约，以及个别国家承认另一国批准的专利权有效以外，技术发明在哪个国家申请专利，就由哪个国家授予专利权，而且只在专利授予国的范围内有效，对其他国家不具有法律约束力，即其他国家不承担任何保护义务，其他人可以在其他国家使用该发明。但是，同一发明可以同时在两个或两个以上的国家申请专利，获得批准后其发明便可在该国受到法律保护。

（3）时间性。专利权还是一种具有时间性的权利，专利权的有效保护期限结束以后，发明人所享有的专利权便自动丧失，一般不能续展，发明便成为社会公有的财富，其他人可以自由地使用该发明制造产品。目前，世界各国的专利法对专利的保护期限规定不同，一般为10~20年，中国的专利法对发明专利的保护期限规定为20年，对实用新型专利和外观设计专利的保护期限规定为10年。专利的保护期限是以专利权人履行交费义务为前提的，如果专利权人没按规定履行其交费义务，即使在法律规定的专利保护期限届满前，也丧失了其专利权。

（4）实施性。对发明者所得到的专利权，除美国等少数几个国家以外，大多数国家都要求专利权人在给予保护的国家内实施其专利，即利用专利技术制造产品或转让其专利。

4. 授予专利权的条件

（1）授予发明专利和实用新型专利的条件。根据世界各国专利法的规定，授予专利权的发明和实用新型必须具有新颖性、创造性和实用性。

①新颖性。新颖性是指在提出专利申请以前，尚未有过相同的发明或实用新型。判断发明和实用新型是否具有新颖性一般依据以下三个标准：

时间标准。多数国家在时间标准上采用申请日原则，即发明和实用新型在申请日以前没有公开过，也就是说没有其他人向专利的授予机构就相同内容的专利或实用新型提出过专利申请。也有少数国家以发明的时间为准，即专利权授予技术的最先发明者，而不是最先提出申请的人。

地域标准。目前，世界各国所采用的地域标准有三种：一种是世界新颖，即发明或实用新型必须在全世界任何地方未被公开或未被使用过，英国、法国、德国等均采用世界新颖；第二种是国内新颖，即发明或实用新型在本国范围内未被公开和使用过，澳大利亚、新西兰和希腊等国则采用国内新颖；第三种是混合新颖，即发明或实用新型从未在国内外出版物上发表过，并从未在国内公开使用过。中国、美国、日本等采用混合新颖。

公开的形式标准。世界各国专利法都规定，一项发明或实用新型必须是从未以任何形式为公众所知，否则将失去新颖性。

②创造性。创造性是指申请专利的发明和实用新型与已有技术相比具有实质性特点和显著进步。已有技术在这里是指专利申请日之前已公开的技术；实质性特点是指申请专利的发明和实用新型与已有的技术相比有本质性的突破；显著进步则是指发明或实用新型克服了已有技术的某些缺陷和不足，并取得了较大的进步，如降低了原材料的消耗和成本，或提高了劳动生产率等。在实际操作中，创造性比新颖性更难评判，但判断发明的创造性和新颖性是有本质区别的，前者是对发明的技术质量进行判断，即发明相比已有技术的先进程度和创造程度，而后者则是判断发明是否已包括在已有技术之中，只要没包括在已有技术之中，不管其创造程度或先进程度如何，均被认为具备新颖性。

③实用性。实用性是指发明或实用新型能够在产业上制造或使用，并且能产生积极的效果。这里的产业不仅包括工业、农业、矿业、林业、渔业和牧业，还包括运输和金融等服务性行业。在产业上能够制造和使用是指能在生产中制造和使用，并能多次和反复进行制造和使用。能够产生积极的效果是指能提高劳动生产率，节省劳动力，改进产品的质量。否则，发明创造就没有任何价值。实际上，实用性既是发明创造的技术属性，也是发明创造的社会属性。

（2）授予外观设计专利的条件。授予外观设计专利的条件与授予发明和实用新型专利的条件有所不同，外观设计应在申请日以前，没在国内外出版物上公开发表过或没在国内公开使用过，即出版公开应以世界新颖为准，使用公开则以国内新颖为准。此外，外观设计也必须具备创造性和实用性，而且有些国家还要求外观设计富有美感。

（3）不授予专利的发明创造。为促进社会经济的发展，维护良好的社会秩序和公共道德，各国都对一些阻碍社会进步、有损社会公德的发明制造不授予专利。目前，世界上大多数国家都不对以下发明授予专利：

①科学发现，如不具有应用于工业的纯科学原理和理论；

②智力活动的规则与方法；

③疾病的诊断与治疗方法；

④化学物质；

⑤饮食品和药品；

⑥动植物品种；

⑦用原子核变换方法获得的物质。

5. 专利权的内容

专利权包括两类权利，即人身权和财产权。人身权是指发明人或设计人有在专利文件中写明自己是发明人或者设计人的权利。财产权包括：①独占实施权，第一个方面是指专利权人有使用、生产制造、许诺销售、销售、进口其专利产品的权利，或使用其专利方法以及使用、许诺销售、销售和进口依照该专利方法直接获得的产品的权利；第二个方面是指专利权人有禁止的权利。②许可权，专利权人有权许可他人实施其专利的权利，但必须订立书面实施许可合同。③转让权，专利权人有权根据自己的意愿依法将专利权转让给他人。④标记权，专利权人有权在其专利产品或者该产品的包装上标明专利标记和专利号。⑤放弃权，专利权人感到没必要或不愿意继续维持其专利权的有效，有权主动放弃专利权，放弃专利权可以采取停止缴纳年费的办法，也可以以书面方式向专利局声明放弃。⑥请求保护权，在专利权受到侵犯时，专利权人有权向专利管理机构提出，要求制止侵权行为，也可以直接向法院提起诉讼，要求排除侵害，赔偿经济损失。

6. 专利侵权的概念、侵权行为与侵权的处理

（1）专利侵权的含义。根据《中华人民共和国专利法》第六十五条的规定，专利侵权是指"未经专利权人许可，实施其专利，即侵犯其专利权"。专利侵权行为可分为两类：一类是违法侵权行为；一类是法律不视为侵权的行为。

（2）专利侵权行为。

①未经许可，为生产经营目的实施他人专利的行为。具体包括为生产经营目的制造、使用、许诺销售、销售、进口其专利产品，或者使用其专利方法以及使用、许诺销售、销售、进口依照该专利方法直接获得的产品，或者制造、销售、进口其外观设计专利产品。

②假冒他人专利的行为。未经许可，在其制造或者销售的产品、产品包装上标注他人的专利号；未经许可，在广告或者其他宣传材料中使用他人的专利号；未经许可，在合同中使用他人的专利号；伪造或者编造他人的专利证书、专利文件或者专利申请文件。

③以非专利产品冒充专利产品，以非专利方法冒充专利方法的行为。制造或者销售标有专利标记的非专利产品；专利权被宣告无效后，继续在制造或者销售的产品上标注专利标记；在广告或者其他宣传材料中将非专利技术称为专利技术；在合同中，将非专利技术称为专利技术；伪造或者编造专利证书、专利文件或者专利申请文件。

但根据《中华人民共和国专利法》第七十五条规定，有下列情形之一的，不视为侵犯专利权：

①专利产品或者依照专利方法直接获得的产品，由专利权人或者经其许可的单位、个人售出后，使用、许诺销售、销售、进口该产品的；

②在专利申请日前已经制造相同产品、使用相同方法或者已经作好制造、使用的必要准备，并且仅在原有范围内继续制造、使用的；

③临时通过中国领陆、领水、领空的外国运输工具，依照其所属国同中国签订的

协议或者共同参加的国际条约,或者依照互惠原则,为运输工具自身需要而在其装置和设备中使用有关专利的;

④专为科学研究和实验而使用有关专利的;

⑤为提供行政审批所需要的信息,制造、使用、进口专利药品或者专利医疗器械的,以及专门为其制造、进口专利药品或者专利医疗器械的。

另外,为生产经营目的,使用或者销售不知道是未经专利权人许可而制造并售出的专利产品或者依照专利方法直接获得的产品,能证明其合法来源的,也不承担赔偿责任,不视为侵权行为。

(3)侵权的处理。专利权受到侵犯,特别是引起纠纷的,专利权人或者利害关系人可以请求管理专利工作的部门处理。这是我国处理专利纠纷的特点之一,是专利法赋予管理专利工作的部门处理侵权纠纷的权利。这种做法解决侵权纠纷速度快、节省费用。

专利权受到侵犯,特别是引起纠纷的,专利权人或者利害关系人可以依照《中华人民共和国民事诉讼法》直接向法院起诉。

专利权遭到非法侵害时,管理专利工作的部门或法院要对是否构成侵权作出判断,判断的原则是:侵权行为是否存在;违法侵权行为是否造成了损害后果;侵犯专利权行为与造成的损失有无因果关系;违法侵权人有无过错。

对侵权的处理方式包括:①责令侵权人立即停止侵权行为,情节严重的,可以请求管理专利工作的部门或法院拆除制造侵权产品的设备,处理已经制造出来的侵权产品等,并采取查封、扣押、冻结、责令提供担保等诉讼保全措施。②赔偿损失。侵权行为给专利权人造成损失的,依照权利人因被侵权所受到的损失或侵权人因侵权所获得的利益确定;被侵权人受到的损失或侵权人因侵权所获得的利益难以确定的,参照专利许可使用费的倍数合理确定。③责令改正并予公告,没收违法所得,并处罚款。假冒他人专利,或者以非专利产品冒充专利产品、以非专利方法冒充专利方法的行为,由管理专利工作的部门责令改正并予以公告,没收违法所得,并处违法所得4倍以下的罚款,没有违法所得的,处20万元以下罚款。④依法追究刑事责任。假冒他人专利,侵权人除承担民事责任外,构成犯罪的,依法追究刑事责任。假冒他人专利不仅损害了专利权人利益,而且损害了社会公共利益,应从重从严处理。

(二)商标权

1. 商标的概念及作用

商标(trade mark)是指生产者或经营者用以标明自己所生产或经营的商品,与其他人生产或经营的同一商品有所区别的标记。商标可以用文字、图形、字母、线条、数字或颜色单独组成,也可以是由上述几种形式结合在一起组成。

商标是商品经济的产物,在当代经济生活中,它具有以下作用:

(1)区别商品的生产者、经营者、服务者、进货来源及档次。同一类商品往往有若干家生产者、经营者或若干个产地。消费者可以通过商标来辨别商品的产地、经营者或生产者,以便于精心选购心目中的名牌产品及有良好信誉的生产者或经营者的产品。此外,商标往往还能说明产品的档次,如汽车中的奔驰和宝马代表德国产的高档车,而丰田则代表日本产的中档车。

(2)代表商品质量和服务质量。消费者总是把商标和产品质量联系在一起,消费者心目中的著名商标是逐渐树立起来的,并以长期保持高质量和周全的售后服务赢得的。因此,商标一般是产品质量的象征和生产企业的商誉。在目前的国际贸易中,有很大比例的交易是凭商标进行买卖的。

(3)有助于商品和服务的广告宣传。一个好的商标设计,往往图形醒目、文字简练,便于消费者识别和记忆。用商标做广告,其效果远比冗长的文字说明要好,可使消费者对商品的质量、性能、用途、式样、耐用程度等有一个完整而又美好的印象,从而加深消费者对该商品的印象,增加消费者对该商品的购买欲望。

2. 商标的种类

随着科学技术的发展,产品品种的不断丰富,以及商标制造技术的日益进步,商标的种类也在增多。商标从不同的角度可划分为不同的类别。

(1)按商标的构成要素来分,可分为文字商标、图形商标和组合商标。

①文字商标。文字商标指的是由文字组成的商标。文字一般包括中文、外文、汉语拼音、字母和数字等。如太阳神口服液、万宝路香烟、可口可乐饮料和三五香烟等均属文字商标。

②图形商标。图形商标是由几何图形、符号、记号、山川、建筑图案、日用品、动物图案等组成的商标。如北京蜂王精营养补剂的商标就有一只蜜蜂。

③组合商标。组合商标是由文字和图形两部分组合而成的,如羊城牌围棋的商标上有"羊城"二字和一只山羊,并有一个围棋棋盘。

(2)按商标的使用者来分,可分为制造商标、商业商标和服务商标。

①制造商标。制造商标是商品的制造者使用的商标,这类商标代表着企业的商誉和产品的质量。商品上的商标多属这类商标,如索尼电器和北京的天坛家具等。

②商业商标。商业商标是商品的销售者使用的商标。这类商标往往是享有盛誉的商业企业使用,如中国外贸公司出口茶叶使用的"龙"商标,天津粮油进出口公司出口葡萄酒使用的"长城"商标,以及日本三越百货公司使用的"三越"商标。

③服务商标。服务商标是旅游、民航、运输、保险、金融、银行、建筑、维修等服务性企业使用的商标,如中国民航使用的"CAAC"和中国人民保险公司使用的"PICC"等。

（3）按商标的用途来分，可分为营业商标、等级商标和证明商标。

①营业商标。营业商标指的是以生产或经营企业名字作为商标，如"同仁堂"药店、"盛锡福"帽店、"六必居"酱菜园、"狗不理"包子铺等，这类商标有助于提高商标或企业的知名度。

②等级商标。等级商标是同一企业根据同一类商品的不同质量、规格等而使用的系列商标。这种商标在国外使用得相当普遍，如瑞士手表，"劳力士"为最高档次的手表，"浪琴"为二级表，"梅花"为三级表，"英纳格"则为四级表。

③证明商标。证明商标又称保证商标，是指用于证明商品原料、制造方式、质量精密度或其特征的商标，如绿色食品标志、真皮标志、纯羊毛标志、电工标志等均属于证明商标。

3. 商标权及其内容

商标权是指一国的商标主管部门根据商标申请人的申请，经核准后，授予商标申请人的一种商标专用权。商标权是一个集合概念，它包含以下四方面内容：

（1）使用权。只有商标的注册人才是该注册商标的合法使用者。

（2）禁止权。商标所有人有权向有关部门提请诉讼，请求停止他人的侵权行为，可要求侵权人赔偿其经济损失，并追究侵权人的刑事责任。

（3）转让权。商标所有人可以将商标的所有权有偿或无偿转让给他人，并放弃一切权利。

（4）许可使用权。商标所有人可以以有偿或无偿的方式许可他人使用自己注册的商标。

4. 商标权的特征

商标权也是一种受法律保护的无形资产，并属于知识产权的范畴。它一般具有以下特征：

（1）独占性。独占性是指商标是其所有人的财产，所有人对其享有排他的使用权，并受到法律保护，其他人不得使用。商标的独占性一般表现在两个方面：一是所有人享有在核定的产品上的独家使用权，未经所有人的同意，其他人不得乱用或滥用；二是商标所有人享有禁止权，即其他人不得将与商标所有人的注册商标相同或近似的商标用于同一类或类似的商品上。商标权只能授予一次，其他人在一种或类似商品上再提出相同或近似商标的使用申请，则得不到国家主管机构的授权。

（2）时间性。商标权的保护有时间限制，一般为10~15年，中国为10年。但与专利权所不同的是，在商标权保护期届满时，所有人可以申请续展，而且续展的次数没有限制。只有在商标权所有人按期缴纳费用并按期办理续展手续的前提下，方可永远保持商标的所有权。

（3）地域性。商标权的所有人，只有在授予该商标权的国家境内才会受到保护。

如果商标权想要在其他国家得到同样的保护，商标的所有人就必须依法在其他国家申请注册，只有这样才能得到当地法律的保护。

5. 商标权的法律保护

（1）侵犯商标权的主要表现

①未经商标注册人的许可，在同一种商品或者类似商品上使用与其注册商标相同或者近似的商标。

②销售侵犯注册商标专用权的商品。

③伪造、擅自制造他人商标标识或者销售伪造、擅自制造的注册商标标识。

④未经商标注册人同意，更换其注册商标并将该更换商标的商品又投入市场。

⑤给他人的注册商标专用权造成其他损害：在同一种或者类似商品上，将与他人注册商标相同或者近似的标志作为商品名称或者商品装潢使用，误导公众的行为；故意为侵犯他人商标专用权行为提供仓储、运输、邮寄、藏匿等便利条件的行为。

（2）我国商标法对商标权的保护

①商标侵权行为的认定。根据《中华人民共和国商标法》，商标侵权行为认定，是以损害事实是否产生为前提，而不是以侵权者主观上是否有错误为条件。一般认定侵权行为主要根据以下原则判别：侵权事实是否存在；行为是否违法；行为和侵权事实有无因果关系；侵权是否是由于当事人的过失或故意造成的。

②对侵犯商标权行为的处理。商标侵权纠纷的解决方式有和解、行政处理、司法诉讼。

商标侵权赔偿数额与罚款数额为侵权人在侵权期间侵权所获得的利益，或者被侵权人在被侵权期间因被侵权所受到的损失，包括被侵权人为制止侵权行为所支付的合理开支。

（三）专有技术

1. 专有技术的概念

专有技术，来自英语中的"know-how"，其意为"知道怎么干吗？"，该词在二十世纪五六十年代首先出现于英国和美国，目前在世界上已被广泛承认和使用。至于对专有技术的理解，目前国际上还没形成统一的认识。联合国世界知识产权组织在其1972年制定的《发展中国家保护发明示范法》中，对专有技术所下的定义是："所谓专有技术是指有关使用和运用工业技术的制造方法和知识。"国际商会在拟定的《关于保护专有技术的标准条款草案》中，把专有技术定义为："实施某种为达到工业生产目的所必须具有的秘密性质的技术知识、经验或其积累。"专有技术一般包括知识、经验、数据、图纸、配方、技术资料等。它既涉及工艺、技能、制造和加工标准，也涉及制造、使用和维修的程序等。专有技术实际上是没有申请专利的知识产权，专有技术的所有人依靠自身的保密手段来维持其所有权,因而专有技术又被称为秘密技术。

第二次世界大战以后,尤其是二十世纪六七十年代以来,随着技术贸易的迅速发展,专有技术的转让数量占国际技术贸易量的比例日益提高,甚至超过了专利技术的交易量。例如,在中国引进的技术中,90%以上都属于专有技术。专有技术虽然是不受法律保护的秘密技术,但却能用于工业生产和服务等行业,对社会经济的发展有着重要的实用价值。

2. 专有技术的特征

专有技术不像专利技术和商标一样经过法律的认可而得到保护。它是一种非法定的权利,因此往往具有以下特征:

(1)保密性。专有技术是不公开的、没经法律授权的秘密技术。凡是以各种方式为公众所知的技术都不能称为专有技术。由于专有技术没经法律程序授权得到保护,因此,专有技术的所有者只能依靠自身的保护措施来维持其技术的专有权。如美国可口可乐公司研究出可口可乐的配方后,没去申请专利,而是将配方分为两部分,总经理和总工程师各持其中的一部分,以此将可口可乐的配方从1886年保密至今。专有技术往往也会因保密措施不当而变为公开技术,从而丧失其商业价值。专有技术之所以没有取得专利权主要有两方面原因:一方面是,它不具备取得专利权的条件;另一方面是,它虽然具备取得专利权的条件,但专有技术的所有者愿意自行保密而没去申请专利。因此,专有技术的范围比专利技术更为广泛。

(2)经济性。专有技术是人类智慧的结晶,能应用于生产和服务等行业,并产生经济效益,否则就称不上技术,也不会成为技术贸易的标的。专有技术的经济性在形态上,既可以是从产品的开发到最终制成品的总体系列技术,也可以是以一项或几项产品的配方、工艺或产品设计方案为主的单项技术。

(3)可传授性。专有技术作为一种技术能以言传身教或以图纸、配方、数据等形式传授给他人,而不是依附于个人的天赋条件而存在的技术。

(4)历史性。专有技术不是研究人员灵机一动而产生的,而是经过多年的经验积累总结出来的,这一过程往往需要很长时间。随着经济和科学技术的发展,专有技术的内容也会随之丰富和发展,但有些专有技术也会随着替代技术的问世而被淘汰。

3. 专有技术与专利的区别

专有技术与专利技术一样,都是无形资产和人类智慧的结晶,能应用于工业生产和服务等行业,并且具有一定的商业价值,但它们也有以下几个区别:

(1)法律地位不同。专利是经过法律程序得以授权,并受法律保护的技术,而专有技术是由于某种原因没申请专利或不能取得专利的技术,因此不受法律保护而只能靠自身的保护来维持其所有权。

(2)技术内容的范围不同。专有技术内容的范围比专利技术宽。世界各国都对授予专利的技术领域做了限定，不是所有的技术都能申请专利。此外，技术的所有者在提出专利申请时，必须用文字对技术做出详细介绍，这就等于公开了其技术，往往容易被他人窃用。因此，专利的申请者一般只将技术中容易被别人仿造的部分申请专利，而把技术的核心部分进行自我保密。总之，专有技术的内容不仅包括各种能授予专利权的生产和服务等行业的技术，而且还包括不能授予专利权的管理、经营等方面的技术。

（3）存在的时间不同。专利技术受法律保护的时间是有限的，一般最长为20年，而且不能续展。而专有技术不受时间的限制，即在技术不过时的情况下，只要保密工作做得好，可以永远作为专有技术而存在，如可口可乐的配方作为专有技术已保密100多年了。

4. 专有技术的法律保护

专有技术是人类智力劳动成果、一种专用性的权利、一种财产性的权利，对专有技术进行法律保护是非常必要的。

根据各国法律的规定，属于对专有技术的侵犯行为包括：

（1）以盗窃、利诱、胁迫或者其他不正当手段获取权利人的商业秘密；

（2）披露、使用或者允许他人使用以前项手段获取的权利人的商业秘密；

（3）违反约定或者违反权利人有关保守商业秘密的要求，披露、使用或者允许他人使用其所掌握的商业秘密；

（4）第三人明知或者应知前款所列违法行为，获取、使用或者披露他人的商业秘密，视为侵犯商业秘密。

对侵犯技术秘密的法律救济可以援引各种法律，例如，合同法、民事侵权行为法、制止不正当竞争法、商业秘密法、刑法等。另外，国际社会也有相关的协议对侵犯技术秘密予以保护，包括：国际商会于1961年制定的《有关保护专有技术的标准条款》、国际保护工业产权协会的《保护专有技术示范法》、WTO的《与贸易有关的知识产权协议》等。

三、国际技术贸易方式

技术作为商品是无形的，因此技术贸易的方式与有形商品贸易相比有很大不同，技术贸易虽然不经过租船、报验、报关、装运、投保及验收等有形商品贸易的履约程序，但往往会涉及有关国家的法规、国际公约及众多的技术人员，并常常伴随着设备及原材料等有形商品贸易。技术贸易从交易的开始到交易的结束一般需要很长一段时间，因为技术贸易的内容和方式极为广泛和复杂。

国际技术贸易的方式可分为：知识产权转让、许可贸易；直接投资；技术服务与技术咨询；国际经济技术合作方式，包括国际合作生产、国际工程承包、与设备买卖相结合的技术贸易、补偿贸易、国际合作设计与合作开发。目前，国际技术贸易的主要方式有许可证贸易、技术服务、合作生产与合资经营、工程承包、补偿贸易等。

（一）许可证贸易

1. 许可证贸易的概念

许可证贸易（licensing），亦称"许可贸易"。它是通过技术的提供方与接受方之间签订协议，允许接受方对提供方所拥有的技术享有使用权及产品的制造权和销售权。许可证贸易的核心内容是转让技术的使用权，以及产品的制造权和销售权，而不是技术的所有权。许可证贸易都是有偿的。

许可证贸易是目前国际上进行技术转让的最主要的方式。随着科学技术的进步、新技术的不断涌现，以及技术在经济发展中的作用日益明显，各国都把引进技术作为当务之急。技术的提供方为了获取高额利润，或绕过贸易壁垒来开拓新的技术市场，不断以有偿许可的方式来出让技术的使用权，这就促使许可证贸易在全球范围内得以迅速发展。

2. 许可证贸易的种类

（1）按交易的标的来分，可分为专利许可、专有技术许可、商标许可和综合许可。

①专利许可。专利许可是指将在某些国家获准的专利使用权许可他人在一定的期限内使用。专利许可是许可证贸易最主要的方式。

②专有技术许可。专有技术许可是指专有技术的所有人在受让人承担技术保密义务的前提下，将专有技术有偿转让给他人使用。保密条款是专有技术许可合同的主要条款，双方应在该条款中就保密的范围与期限作出规定。在转让专有技术时，许可方有义务帮助受让人掌握受让的技术。

③商标许可。商标许可是指商标所有人授予受让人在一定的期限内使用其商标的权利。由于商标涉及企业的商誉，因此许可方对受让人使用该商标的商品质量有严格的要求，并对使用该商标的商品质量有核准和监督权。

④综合许可。即技术的所有者把专利、专有技术和商标的使用权结合起来转让给他人使用。许可证贸易大多属于综合许可，单纯以专利、专有技术或商标为标的的许可交易则很少。

（2）按授权的范围来分，可分为普通许可、排他许可、独占许可、分许可和交叉许可。

①普通许可。普通许可是指许可方将技术和商标的使用权、专利产品的制造权和销售权，授予被许可人在一定的地域或期限内享用。许可方在该地区仍享有上述权利，及将上述权利转让给该地区第三者的权利。

②排他许可。排他许可是指许可方将技术和商标的使用权、专利产品的制造权和销售权,转让给被许可方在一定地域或期限内享用。许可方虽然在该地域内仍享有上述权利,但不得将上述权利转让给该地区的第三者享用。排他许可也称全权许可。

③独占许可。独占许可是指许可方将技术和商标的使用权、专利产品的制造和销售权,转让给被许可方在一定地域或期限内享用,许可方不仅不能在该地域内将上述权利转让给第三者,就连许可方自己在该地域内也丧失了上述权利。

④分许可。分许可亦称可转售许可。它是指许可方将其技术和商标的使用权、专利产品的制造和销售权转让给被许可人在一定地域或期限内享用以后,被许可方可以将所得到的上述权利转让给其他人使用。

⑤交叉许可。交叉许可又称互换许可。它是指许可贸易的双方将各自所拥有的技术和商标的使用权、专利产品的制造和销售权相互交换,互相许可对方享用其上述权利。交叉许可交易既可以是普通许可,也可以是排他许可或独占许可。

(二) 技术服务

技术服务是伴随着技术转让而进行的。目前,国际上出现了很多以提供信息、咨询、技术示范或指导为主的技术服务性行业。它们主要是通过咨询服务和人员培训来提供技术服务的。

咨询服务的范围很广,如帮助企业进行市场分析和制定行业发展规划,为项目投资进行投资前可行性研究,为项目施工选择施工机械,对企业购置的设备进行技术鉴定,为大型项目提供设计服务,等等。人员培训是指技术服务的提供者为生产企业所需的各类技术人员进行专业培训,培训过程既可以让需要培训的人员到技术服务的提供国接受集中而又系统的培训,也可以由技术服务的提供方派专家到技术服务的接受方所在国进行讲学,或进行实际操作示范。技术服务与许可证贸易不同,它不涉及技术使用权与所有权的转让,而是技术的提供方用自己的技术和劳动技能为企业进行有偿服务。

(三) 合作生产与合资经营

合作生产指的是两个不同国家的企业,根据协议在某一项或某几项产品的生产和销售上采取联合行动并进行合作的过程。而合资经营则是两个或两个以上国家的企业所组成的共同出资、共同管理、共担风险的企业。合作生产与合资经营的区别在于,前者强调的是合作伙伴在某一领域合作中的相互关系,而后者主要强调企业的所有权及其利益的分享和亏损的分担问题。不管是合作生产还是合资经营,技术在合作生产或合资经营过程中都实现了转让。在合资经营过程中,一方一般以技术为资本来换取效益和利益,而另一方无论以什么形式的资产为股本,都成为技术的受让者。合作生产的内容比合资经营更为广泛,既可以是项目合作、开发合作、生产合作,也可以是销售合作。在生产合作的过程中，其中的一方实际上是以获取技术要素为宗旨，以提高其产品质量及增强企业实力为目的。利用合作生产或合资企业经营来引进国外先进技术，已成为当前世界各国的普遍做法。

（四）国际工程承包

国际工程承包也是国际技术转让活动的一种形式。它是指通过国际招标、投标、议标、评标、定标等程序或其他途径，由具有法人地位的承包人与发包人之间，按一定的条件和价格签订承包合同，承包人提供技术、管理、材料，组织工程项目的实施，并按时、按质、按量完成工程项目的建设，经验收合格后交付给发包人的一项系统工程。工程承包方式适用于大型的建设项目，如机场、电站和各类生产线的新建或扩建等。这类项目不仅规模大，而且伴随着技术转让问题。在施工中，承包商将使用最新的工艺和技术，并采购一些国家的先进设备，有些项目还涉及操作人员的技术培训、生产运行中的技术指导，以及专利和专有技术的转让。目前的国际工程承包活动盛行交钥匙工程及建设—经营—转让（BOT）等方式，因此国际工程承包中技术转让的内容十分广泛。现在许多国家都想通过国际工程承包活动来带动本国企业的技术改造。

（五）补偿贸易

补偿贸易是指在信贷的基础上，一国企业先从外商进口技术和设备，然后以回销产品或劳务所得的价款，分期偿还给外商提供技术和设备的价款。补偿的具体方法主要分为五种：一种是直接补偿，即以引进技术和设备所生产出的产品返销给对方，以返销所得的价款补偿；第二种是用其他产品补偿，即技术和设备的进口方不是以进口的技术和设备产出的产品，而是以双方约定的其他产品补偿；第三种是以进口的技术和设备产出的产品所获取的收入补偿；第四种是以提供劳务的形式补偿，即技术和设备的进口方以向出口方提供一定量的劳务来补偿其进口技术和设备的价款；第五种是混合补偿，即技术和设备的进口方一部分以直接产品，一部分以其他产品、现汇或劳务来抵偿进口技术和设备的价款。补偿贸易是发展中国家引进技术的一种主要途径。因为在补偿贸易方式下，技术和设备的出口方向进口方提供信贷，正好解决了急需技术和设备的发展中国家的资金问题。通过补偿贸易，一些老企业得以进行技术改造，填补了进口国的某些技术空白，增强了进口国的出口创汇能力，进而推动了进口国技术的进步和经济的发展。

四、国际技术贸易价格与税费

（一）技术的价格

1. 技术价格的概念及决定因素

技术是有价值的，技术的价格也是以技术的价值为依据的，但技术的价格与其价值并不相符。技术的价格实际上是技术的接收方向技术的提供方所支付的全部费用，同时也是双方对超额利润和新增利润的分成。

不管是什么技术，其价格总是在不断变化的。技术价格的确定及波动幅度一般取决于以下几个因素：①技术的研究开发成本。研究开发成本高的技术，其价格往往会较高。②技术的市场需求。市场需求大的技术，其价格则较高。③技术的成熟程度。引进后能直接使用的成熟技术，其价格便较高，引进后还须进一步开发试验才能使用的技术价格则应较低。④技术的生命周期。生命周期长的技术价格较高，很快会被淘汰的技术价格较低。⑤支付方式。一次性支付还是分期付款也会影响价格的高低，前者的价格一般较低，后者的价格一般较高。⑥谈判的策略与技巧也会影响技术的价格。

2. 技术价格的构成

技术的价格一般由以下三个部分构成：

（1）技术的研究开发成本。这部分成本主要包括研究开发技术时所消耗的物化劳动和活劳动，大约要占技术价格的60%~70%。

（2）增值成本。即技术的提供方为转让技术而支付的各种费用，如派出谈判人员、提供资料和样品、培训人员、签订合同、提供技术指导及管理等费用。

（3）利润补偿费。即由于技术的转让使技术的提供方在技术的受让国市场或第三国市场，失去该技术产品的市场份额而蒙受利润损失所应得到的补偿。

（二）技术转让费的支付

技术贸易的支付方式与商品贸易有所不同，目前国际上通行的技术转让费的支付方式大致有以下三种。

1. 总付

总付是指双方在签订技术转让合同时，确定一个总价格，然后由受让方一次性或分期支付。这种支付方式虽然价格明确，但技术的受让方难以得到卖方的技术帮助，导致技术难以发挥最大的效益。

2. 提成支付

提成支付是双方签订技术转让协议时，不确定技术的总价格，而是规定根据所转让的技术投产后的实际经济效益，在一定的偿付期限内按一定的比例提取技术转让费的一种方式。提成支付可按销售额、利润或产量提成。

3. 入门费加提成费

入门费加提成费是总付和提成支付两者相结合的支付方式。它是在双方签订了技术转让协议之后，技术的受让方按协议规定，先向技术的提供方支付一笔款项，即入门费，然后在转让的技术投产以后，按销售额、利润或产量提成支付。入门费加提成费支付是目前国际技术转让中使用最多的一种支付方式。

（三）国际技术贸易中的税费

1. 对技术使用费征税的特点和一般原则

技术使用费所得税的征收，涉及双重管辖权和国家间税收利益的分配。国际上征收所得税一般遵循以下原则：

（1）对在收入来源地设有营业机构的纳税人，其技术使用费所得一般并入营业利润，计征企业所得税。美国称公司所得税，日本则称为法人所得税。

（2）在收入来源地未设营业机构的纳税人，则采取"从源"控制，即在被许可方向许可方支付使用费时，由其代税收部门扣缴，称为"预提所得税"，代税务部门扣缴的被许可方称为扣缴义务人。

（3）以预提方式扣缴使用费所得税，税率一般低于公司所得税。因为预提所得税的纳税义务人是在来源地未设营业机构的外国自然人或法人，很难按正常征税程序和税率计算应纳税所得额，只能采取按使用费金额全额计征。但按使用费全额计征，纳税人的税负过重，因此，税率会有所降低，使纳税人的实际应纳税额与一般企业扣减费用后的应纳税额保持平衡。

2. 双重征税对国际技术贸易的影响及解决途径

双重征税直接恶化了国际技术贸易的宏观环境，迫使许可方提高转让技术的报价，加重了被许可方的经济负担，导致许可方市场竞争力下降。双重征税导致被许可方利用引进技术所预期获得的利益减少，将给许可方和被许可方国家的国际收支带来消极影响。

为了解决双重征税，有关国家通过国内立法，确定一种减免税原则，规定使用费来源国先行行使征税权，而居民所在国依据纳税义务人在所得来源国纳税的实际情况，采取免税、减税或扣除等措施。还可以通过政府间避免双重征税协定，签约国适当限制税收管辖权的实施范围，确认共同采取措施，由所得来源国优先行使管辖权，但承诺减低所得税税率，居民所在国政府对纳税人在所得来源国已纳税费予以抵免，使税收利益在有关国家间均衡分配。解决双重征税的具体方法如下：

（1）自然抵免（全额抵免）。当技术输出国和技术输入国的所得税税率完全相同时，技术输出国允许该进行跨国经营的居民把已经向输入国家缴纳所得税全额抵免，不再向技术输出国缴纳所得税。

（2）申请抵免。当技术输出国所得税税率高于技术输入国所得税税率时，可申请抵免。居民向本国税务部门提交申请税收抵免书，并附上该居民在外国（技术输入国）的纳税证明，经本国税务部门核准后可办理一次性抵免（一年一次）。

（3）最高限额抵免。当技术输出国的所得税税率比技术输入国的所得税税率低时，居民向本国政府申请抵免的最大和最高限额只能是其外国所得按本国税率计算的那一部分税款。

（4）费用扣除法。所谓费用扣除法，是指跨国纳税人将其国外已缴纳的所得税作为已开支费用，从其总所得收入中扣除，其余所得汇回本国，按本国所得税税率进行纳税。

3. 我国拟定技术引进合同税费条款应注意的问题

我国拟定技术引进合同税费条款应遵循以下原则：被许可方政府依据中华人民共和国税法，对许可方征收的与执行合同有关的一切税收，由许可方支付；被许可方政府依据中华人民共和国税法，对被许可方征收的与执行合同有关的一切税收，由被许可方支付；在中国境外，有关国家政府课征的与执行合同有关的一切税收，由许可方支付。另外，技术引进合同不得规定违反我国税法的条款；外商在我国境内所得享受减、免税优惠待遇时，必须依法履行必要手续；对外经营单位必须履行扣缴义务人的职责，并提醒国内用户及时办理税收减免手续。

五、知识产权及其保护

（一）知识产权的概念

知识产权（intellectual property），亦称"智力成果权"，是指对科学、文化、艺术等领域从事智力活动创造的智力成果依法所享有的权利。知识产权是一种私权，是特定智力创造成果依法享有的专有权利。

不同的国家、地区及国际组织由于对知识产权的理解和界定范围不尽相同，从而产生了对知识产权的不同解释。

世界知识产权组织（World Intellectual Property Organization，WIPO）在《建立世界知识产权组织公约》中采取了较为广义的知识产权定义，根据该公约第 2 条第 8 款的规定，知识产权应包括下列项目的权利：

（1）文学、艺术及科学作品；

（2）表演艺术家的演出、录音和广播；

（3）在一切领域中因人的努力而产生的发明；

（4）科学发现；

（5）工业品式样；

（6）商品商标、服务商标、厂商名称和标记；

（7）制止不正当竞争；

（8）在工业、科学及文学艺术领域的智力创作活动所产生的权利。

另外，作为世界贸易组织重要组成部分的《与贸易有关的知识产权协议》在其第一部分第 1 条中列明了其所管辖的知识产权范围，它们是：

（1）版权及邻接权；

（2）商标权；

（3）地理标志权；

（4）工业品外观设计权；

（5）专利权；

（6）集成电路的布图设计权；

（7）未披露信息的保护权；

（8）许可协议中反竞争行为的控制权。

其中"未披露信息的保护"主要指对商业秘密的保护，也包括对技术秘密的保护。对商业秘密的保护问题，各国学术界及司法界争论颇多，焦点主要集中在商业秘密能否作为一种财产权加以保护。由于世界贸易组织的《与贸易有关的知识产权协议》主要从国际贸易的角度进行知识产权法律体系的构建，更关注知识产权的贸易方面，而商业秘密必然对其拥有者的市场竞争力产生重大影响，自然发达国家的跨国公司希望商业秘密被当作一种财产权得以保护。这正是发达国家跨国公司积极寻求在关贸总协定范畴内进行知识产权保护谈判的原因。随着世界贸易组织成员的不断扩大，各主要贸易伙伴都接受了商业秘密作为财产权加以保护。

（二）知识产权的特点

知识产权作为一种财产权，它与人们所拥有的普通意义上的财产权不同，它具有以下基本特征。

1. 知识产权具有无形性

知识产权与其他有形财产权（如物品）的最大不同之处在于其无形性的特点。正是由于其无形性，知识产权的权利人通常只有在其主张自己权利的诉讼中，才表现出自己是权利人。为此，英美法系国家把知识产权称为"诉讼中的准物权"，一些大陆法系国家则把知识产权称为"以权利为标的的物权"。

正是这种无形性，使得知识产权贸易中的标的物只能是知识产权这种无形财产权中的使用权；而在有形商品贸易中，贸易标的物是有形商品，在贸易中既存在商品使用权，又存在商品所有权的转移。由于知识产权的无形性，不占据一定空间，难以实际控制，容易脱离知识产权所有人的控制；同时，知识产权所有权人即使在其权利全部转让后，仍有可利用其创造的智力成果获取利益的可能性，因而法律上有关知识产权的保护、知识产权侵权的认定、知识产权贸易等变得比有形商品更为复杂。

2. 知识产权具有专有性

知识产权作为智力劳动的成果，其无形性决定了它在每一次被利用后会引起全部或部分的消失或损失、损耗，却并不可能全部被消灭。知识产权不同于有形财产，它可以为多数人同时拥有，并能够被多数人同时使用而获得利益。例如某一商标的所有权人，可以将其商标同时许可若干人使用而获益。因此，作为无形财产的知识产权，其在使用、占有、收益、处分等方面的一系列特点使其有别于有形财产的占有、使用、收益与处分。这种所有权只能通过对智力劳动成果的所有人授予专有权才能有效地加以保护，因此决定了知识产权的专有性特点。

知识产权的专有性表现为独占性和排他性，即知识产权的所有权人对自己所创造的智力劳动成果享有权利，任何人非经权利人许可都不得享有或使用其劳动成果，否则属于侵犯权利人的专有权，并且权利人在法律允许的范围内可以用合适的方式使用自己的智力劳动成果并获得一定利益。此外，知识产权的专有性还决定了某项知识产权的权利人只能有一个，不可能有两个或两个以上的自然人或法人拥有相同的某项知识产权的专有权。当然，这种专有性还决定了知识产权只能授予一次，而不能两次或两次以上地授予权利人专有权。

3. 知识产权的时间与地域具有有限性

知识产权所有权人拥有的权利不是无限期存在的，具有时间性的特点，即知识产权仅在一个法定的期限内受到保护。法律对知识产权的有效期作了限制，权利人只能在一定的期限内对其智力劳动成果享有专有权，超过这一期限，其智力劳动成果便进入公有领域，成为人类均可共享的公共知识、成果，任何人都可以任何方式使用而不属于侵权行为。由于各国对知识产权不同对象的保护期限存在差别，因而同一知识产权对象在不同国家获得的保护期限是不同的。例如，对发明专利的保护期有的国家为15年，有的国家则为20年。实用新型和外观设计专利的保护期限有的国家为7年，有的国家为10年。

知识产权的时间性是相对的，是指知识产权价值的有效期。各国虽然规定了有效期，但又允许商标所有权人到期后申请续展，并对续展次数没有限制。知识产权的时间性在商标方面表现为商标所有权人在一个相对较长的时期内可能都有专有权。即使这样，我们也不否定知识产权时间性的特征，因为时间性正是说明了知识产权本身具有的价值，当一种知识产权对象不具有使用价值与价值后，权利人想通过法律保护其专有权，已无多大意义了。

与知识产权的时间性相伴生的是知识产权的地域性，即知识产权是依一个国家的法律确认和保护的，一般只在该国领域内具有法律效力，在其他国家原则上不发生效力。这种地域性的特征从根本上说是由知识产权的本性所决定的，因为知识产权的获得不是自然而然、天然所拥有的，而必须以国家法律对这些权利有直接而具体的规定为前提，通过履行特定的申请、审查、批准等手续才能获得。但是，也有一些国家对某些知识产权的获得并不完全都是通过申请、审查、批准等手续。

应该指出的是，知识产权的地域性不能理解为知识产权只能够在其授予国才能得到保护。随着经济生活的国际化、全球化日益突出，从国家与国家之间、区域范围到全球范围，知识产权的国际保护合作日益扩大，区域性、全球性知识产权协议的签署及实施，使得传统意义上知识产权地域性的特征得以改变。某项知识产权经过一定的国际合作方式，可以在更多国家与地区范围内得到保护。随着经济一体化不断地深入和发展，以及世界贸易组织的积极推动，全球性的知识产权协议与地区性的知识产权协议将会不断地拓展知识产权保护的地域。

总之，知识产权是有时间性和地域性的，而这种时间与地域也是相对的，而非绝对的。

4. 知识产权具有可复制性

知识产权作为智力劳动的成果，需要通过一定的有形物，即一定的载体才能表现出来。无论是专利、商标、专有技术，还是著作权、商业秘密，都必然要通过产品、作品或其他有形物加以体现，才能将知识产权作为财产权的性质表现出来。例如，一位作家构思了一个美好的故事情节，可以通过录音、写成书的形式向人们展示。录音带及书籍等物质形式的载体可以反映作家的思想及创作过程。这种性质决定了知识产权具有可复制的特性，并通过复制进一步表现知识产权的财产及价值。例如，一项专利技术，可以通过生产出来的专利技术产品表现专利技术本身；对这项专利技术产品进行复制、批量生产，可以体现该项专利技术的价值。

（三）知识产权的类型

1. 按客体的性质来划分，可分为著作权和工业产权

（1）著作权主要是独立创作的作品依法享有的权利，如文字作品、视听作品、音乐作品、多媒体作品、科学作品等。

（2）工业产权是发明创造技术类成果依法享有的权利，如专利、商业秘密、计算机软件、数据库、集成电路布图设计等。

2. 按主体对客体支配程度划分，可分为自主知识产权和非自主知识产权

（1）自主知识产权，是指以基本或原创性智力成果为对象，依法获得的，具有完整、独立自主支配该成果能力的专用权。

（2）非自主知识产权，是指在原创性智力成果基础上，做出的具有重大技术进步和显著经济效益的智力成果，依法获得的、其实施受原创成果主体制约的专用权。

(四)知识产权的保护

1. 网络与知识产权

20世纪80年代,计算机的广泛应用带动了信息社会热。目前,计算机网络及数字技术的广泛应用又带动了知识经济的发展。传统的农业经济及工业经济的特点是有形资产起决定作用,而知识经济则是无形资产起决定作用。在知识经济中,不仅商品生产看起来隐性化,而且网络环境使商品流通的一部分也隐性化。这就是直接电子商务活动。例如:通过网络出售软件、多媒体、数据库等,均与传统的市场上出售有形磁盘、光盘等销售活动完全不同。知识经济必然而且已经带来知识产权上全新的问题,而这些新问题又集中在网络的应用上。

知识产权具有专有性和地域性,而网络上应受知识产权保护的信息则多是公开、公知、公用的,很难被权利人控制,此外网络上知识传输的特点是无国界性。上述矛盾引出了知识产权领域最新的实体法问题。在国际上,有观点提出以淡化、弱化知识产权的专有性,来缓解专有性与公开、公用的矛盾;而更多的观点乃至国际公约,则主张以进一步强化知识产权保护、强化专有性来解决这一矛盾。例如,1996年12月世界知识产权组织主持缔结的两个版权条约,其中增加了一大批受保护的客体,增列了一大批过去不属于版权的保护权利。美国和欧盟在进入21世纪之前,就已经修订了知识产权法,使之符合新条约的要求。此外,在商标保护方面,强化专有性的趋势则表现为将驰名商标脱离商品以及服务而加以保护。这种强化知识产权专有性的趋势,应当说对发展中国家未必有利,但目前尚没有发展中国家表示出坚决抵制,主要是因为在知识经济中,强化知识产权保护的趋势是抵制不了的。

上述矛盾也引发了知识产权保护中的程序法问题,亦即在涉外知识产权纠纷中,如何选择诉讼地及适用法律的问题。过去,绝大多数知识产权侵权诉讼,均以被告所在地或侵权行为发生地为诉讼地,并适用诉讼地(法院所在地)法律。但网络上的侵权人,往往难以确认其在何处;在实践中,侵权复制品只要一上网,全世界任何地点都可能成为侵权行为发生地。这种状况主要是由网络的无国界决定的。曾有人提议采取技术措施,限制网络传输的无国界性以解决上述冲突,但在实践中困难极大。更多的国家以及地区,实际上正通过加速各国知识产权法律国际一体化的进程,即通过弱化知识产权的地域性,来解决这一矛盾。国际知识产权法律一体化,就要有一个共同的标准。多年来,已经确认的专有权一般不可能再被撤销。于是,保护面广、强度高的发达国家法律,在大多数国际谈判场合,实际被当成了一体化的标准。发展中国家虽然并不情愿,却又阻止不了。

2. 电子商务中的知识产权保护问题

电子商务首先影响了各国的合同法及商法。1995年,美国最先考虑修改其《统一商法典》，随后提出了《统一电子交易法》的议案，以适应电子商务的需要。1996年，联合国国际贸易法委员会通过了《电子商务示范法》、国际商会起草了《国际数字化安全商务应用指南》，进一步解释该示范法。此后，不少国家及地区（如欧盟）纷纷开始了相关立法或修法。在发展中国家，新加坡于1998年颁布了《电子交易法》，我国立法机关在《中华人民共和国合同法》（已废止）起草中也加进了电子合同的原则性规定。但正像世界知识产权组织的两个新条约只是解决问题的开始一样，电子商务中的合同法以及商法问题的全面解决，仍要留待以后。

电子商务可以分为直接电子商务与间接电子商务两类。间接电子商务即在网络上谈判、签合同、订购商品，但商品本身仍需要通过有形方式邮寄或送达。直接电子商务会涉及更多的知识产权问题。网络传输会涉及版权产品的无形销售，就必然会产生版权保护的新问题。这样还会产生（而且已经产生）在网上的商标及其他商业标识保护，乃至商业秘密保护等方面诸多与传统保护有所不同或根本不同的问题。

《中华人民共和国商标法》将可受保护的标识界定为"文字、图案或其组合"，它只能是"静态"的。当国内并不鲜见的议论断言"域名决不会被纳入知识产权范围"时，域名实际上已成为商誉乃至商号的一部分受到了保护，甚至已经作为无形资产被实际交易着。但域名与在先商标权、在先商号权的冲突，在驰名商标范围内，已经大体得以解决。一些国家的反垄断法以及世界知识产权组织准备缔结的国际条约，均立下了这方面的示范。但对于非驰名商标以及商号，与域名冲突的问题，尚无令人满意的答案。这主要在于权利产生的程序上，商标权多经官方行政批准注册产生；域名专利则多经非官方组织登记产生；商号权（按《巴黎公约》的要求）却仅仅依实际使用产生。

3. 生物技术与知识产权保护

传统生物技术及其产品（如植物新品种）的保护即使到了20世纪末，仍不断在早已实现这种保护的发达国家发生着争论。1996年，当欧洲生物学家提出应取消农业生产者对植物新品种的"合理使用"亦即增强其专利权时，欧洲绿色和平组织则强烈要求根本上取消对植物新品种的专有权。生物基因、新生物合成等研究中的科学知识，对中国这样的发展中国家可能就更重要了。在生物技术比较发达的澳大利亚，1998年该国两个政府研究机构在以"自己的"植物新品种申请"准专利"（即"植物品种专利权"）时，被指控为"生物盗版"（biopiracy）。该纠纷所产生出的这一知识产权新术语，是不应被轻视的。中国已经有过极其类似的纠纷，但并未引起注意。原因是生物工程总体在中国的发展还较滞后，待到21世纪更多国内企业与机构发现这是一个经济效益可能很好的领域，并加快在其中的投入时，中国企业与机构之间、中外相关企业与机构之间的这类冲突，比起20世纪文化市场上因盗版引起的冲突，不会更少。"生物盗版"与"独立创作"的区分及认定，也是司法界比较棘手的问题。在20世纪时，当国外知识产权界已经在研究以血样以及其他人体标本为基础的新发明，血样以及标本提供者享有什么权利时，中国在生物技术知识产权保护方面还极为薄弱，从事研究的人员也屈指可数。

六、保护知识产权的国际公约

（一）保护专利的国际公约

1. 巴黎公约

《巴黎公约》是《保护工业产权的巴黎公约》的简称，于1883年在法国巴黎签订，1884年生效，先后经6次修订，最后一次修订是1967年的斯德哥尔摩文本。中国于1985年3月19日成为该公约第95个成员国。截至2012年6月，该公约成员国已达174个。迄今为止，《巴黎公约》是世界上参加国最多和影响最大的一个保护知识产权的国际公约，为世界各国在工业产权保护方面提供了一个基本准则。其中保护专利的内容主要体现以下在四大原则中。

（1）国民待遇原则。即各成员国在保护工业产权方面必须给予其他成员国的国民平等地享受该国国民能够获得的保护；即使是非成员国，只要它们在公约某一成员国内有住所，或有真实有效的工商营业所，亦应给予与本国国民相同的待遇。

（2）优先权原则。即缔约国的国民向一个缔约国第一次提出专利和商标权申请后，又在一定的期限内就同一发明和商标向另一缔约国提出申请时，其第二次申请日应视同第一次申请日。发明和实用新型的优先权期限为12个月，而商标和外观设计仅为6个月。优先权原则的意义在于保护世界上最先提出申请的人。

（3）专利权独立原则。即一个缔约国对一项发明授予了发明专利，而其他缔约国没有义务必须对同一发明授予专利。此外，任何一个缔约国不能以同一发明在其他缔约国被驳回或宣告无效，而将此发明驳回或宣告无效。这实际上要求各国的专利法彼此独立，互不影响。

（4）强制许可原则。即自专利申请日起满4年或从专利批准日起满3年，取得专利权的发明创造，如无正当理由而没实施或没充分实施，缔约国的专利主管当局有权根据要求，颁发实施该项专利的强制许可，取得强制许可的第三者，在给予专利权人合理的报酬之后，便可以实施该项专利。

2. 专利合作条约

《专利合作条约》于1970年在华盛顿签订，1978年生效，1979年修正，并于1984年和2001年分别进行修订。其成员必须是《巴黎公约》的成员，到2012年6月，共有145个成员国。中国于1994年1月1日正式加入该条约。该条约的主要内容是：在申请人自愿的基础上，一个发明要想在部分或所有缔约国取得保护，通过一次国际申请，便可在部分或所有缔约国获得专利权。这样的国际申请与分别向每一个缔约国提出的保护申请具有同等的效力。

3. 海牙协定

《海牙协定》是《工业品外观设计国际备案海牙协定》的简称。《海牙协定》于1925年签订，并做过多次修订，其成员必须是《巴黎公约》的成员，截至2004年12月31日，已有成员40个。该协定的主要内容是：缔约国的任何国民、居民或在其成员国有实际营业所的人，如果想在不同的缔约国取得工业品的外观设计专利，可以直接或按照缔约国的法律通过该国的工业产权局向世界知识产权组织国际局提出外观设计备案。这里讲的备案与注册的含义相同。中国目前还不是该协定的成员国。

4. 欧洲专利公约

《欧洲专利公约》于1973年签订，1977年10月7日生效，其成员到2005年4月为止共有30个。该公约规定：一切个人、法人、依法成立的相当于法人的团体均能申请欧洲专利。欧洲专利权并不是一种在一切缔约国统一发生效力的专利权，而是在申请人所指定的一个或几个缔约国发生效力的专利权。根据《欧洲专利公约》建立的欧洲专利局总局设在慕尼黑，在海牙和柏林分别设置两个分局。分局负责欧洲专利申请的初审，而总局负责实质性审查和专利权的授予。该公约实际上是地区性的跨国"专利授予"公约。

（二）保护商标权的国际公约

1. 巴黎公约

《巴黎公约》不仅涉及专利权的保护，也涉及商标权的保护，为世界各国包括专利权和商标权在内的整个工业产权制度的建立奠定了基础。《巴黎公约》涉及商标权保护的主要内容有：（1）国民待遇原则；（2）优先权原则；（3）共同规则，指缔约国必须遵守的规则。

《巴黎公约》涉及商标保护方面的内容主要包括：

（1）缔约国办理商标注册，均按国内法律规定，各自独立。

（2）商标的转让。如按照一个缔约国的法律规定，只有连同该商标所属的厂商或牌号同时转让方可生效；只有将厂商或牌号在该国的部分连同在该国制造和销售带有被转让的商标的商品专用权一起转让给受让人，才能认为其有效。

（3）对于服务商标也必须给予保护。

（4）禁止在商标上使用缔约国的国旗、国徽、纹章、官方检验印记及政府间国际组织的旗帜、证章、缩写和名称。

（5）对于仿造、模仿或翻译在缔约国已经驰名的商标，则拒绝或撤销注册并禁止使用。

2. 商标国际注册马德里协定

《商标国际注册马德里协定》简称《马德里协定》，是以《巴黎公约》为基础，在世界知识产权组织的管理下专司国际注册问题的实质性协定。《马德里协定》于1891年7月14日签订，并经过7次修订，最后一次修订是在1979年。《巴黎公约》的成员才有资格参加该协定，中国于1989年10月4日成为《马德里协定》的成员国。截至2012年6月，《马德里协定》缔约国为87个。此外，《马德里协定》的一些成员国与一些非成员国还于1989年6月27日在西班牙马德里通过了《商标国际注册马德里协定有关议定书》(简称《马德里议定书》)，并于1995年12月1日生效，由此组成了马德里联盟。截至2022年9月马德里联盟的成员国共有112个。按《马德里协定》的规定，任何一个缔约国的自然人和法人在所属国办理了某一商标的注册后，如果想在其他缔约国得到法律保护，则可向设在日内瓦的国际局申请注册。国际局收到申请即予以公告，并通知申请人要求给予保护的缔约国。被要求保护的缔约国收到通知后在一年内做出是否给予保护的决定。如果在一年内未向国际局提出驳回声明，则该商标被视为已在该国核准注册并予以法律保护。实际上各商标申请人只需办理一次注册手续，付一次费用，以法文填写统一的表格，就可取得在两个或两个以上国家的商标注册。

3. 尼斯协定

《尼斯协定》是《商标注册用商品与服务国际分类尼斯协定》的简称。该协定于1957年6月15日在法国的尼斯签订，1961年4月8日生效，后经4次修订，最后一次修订是在1983年。截至2004年7月，已有72个成员国，参加该协定的成员国必须是《巴黎公约》的成员。《尼斯协定》的主要内容是：对商标注册用商品和服务的国际分类作了专门的规定，其中把商品分为34类，服务项目分为8类。此外，该协定又把各类中的具体商品和服务项目分为10 000项。《尼斯协定》规定各成员国应当使用该商品和服务国际分类方法，但没有强调缔约国必须把它作为唯一的商品和服务的分类方法。《尼斯协定》为商标国际注册提供了一个系统的国际分类表，使商标注册和检索更加方便，同时也有利于对商标的管理。中国曾于1988年11月1日就开始采用国际分类，并于1994年8月9日正式成为《尼斯协定》的成员国。

4. 维也纳协定

《维也纳协定》是《建立商标图形要素国际分类维也纳协定》的简称。《维也纳协定》虽然于1973年6月12日签订，但由于该协定规定其成员国必须达到5个才能生效，所以该协定于1985年才生效。《维也纳协定》的签字国虽然有19个，但截至1998年9月10日，成员国只有古巴、法国、几内亚、吉尔吉斯斯坦、卢森堡、荷兰、波兰、摩尔多瓦共和国、罗马尼亚、瑞典、特立尼达和多巴哥、突尼斯、土耳其13个国家。《维也纳协定》的主要内容是：在《尼斯协定》的基础上，把含有图形的商标进行了分类，其中分为29个大类、145个小类和1709个细目。对图形进行国际统一分类，有利于对相同或近似的图形商标进行检索，避免了商标所有人之间的权利冲突。中国虽然未加入《维也纳协定》，但在 1988 年采用商品和服务国际分类的同时，已开始采用商标图形的国际分类。

（三）与贸易有关的知识产权协议

《与贸易有关的知识产权协议》（Agreement on Trade-Related Aspects of Intellectual Property Rights，TRIPs）（以下简称《知识产权协议》）是关贸总协定乌拉圭回合中所签署的一揽子协议的一部分，将知识产权纳入关贸总协定的议题是 1990 年通过的。1994 年 4 月 15 日，《与贸易有关的知识产权协议》等一揽子协议在摩洛哥马拉喀什签署。中国政府代表也在协议上签了字。《知识产权协议》主要包括以下几部分内容：

1. 基本原则

《知识产权协议》规定，所有缔约国应遵守《巴黎公约》《专利合作条约》《商标国际注册马德里协定》，并继续承担遵守《伯尔尼公约》《罗马公约》《有关保护集成电路知识产权的华盛顿公约》的义务。缔约方对协议的内容一旦发生争执，应按关贸总协定规定的途径解决。

2. 有关工业产权的规定

《知识产权协议》中有关知识产权的规定包括专利、工业品外观设计、商标、地理标志、集成电路布图设计。

（1）专利。《知识产权协议》中所涉及的专利仅指发明专利。关于专利权人的权利，该协议规定专利权人有权制止他人未经同意制造、使用、销售或为上述目的进口被授予专利的商品；有权制止未经许可而使用该生产方法，以及销售或进口该方法直接获得的产品。该协议对专利权做了一些限制规定，即为了不使专利权妨碍第三方合法权益而进行限制，但限制不能与专利的正常使用相冲突，限制不能不合理地损害专利权人的合法权益。

（2）工业品外观设计。《知识产权协议》规定，所有成员国必须对工业品的外观予以保护，保护期至少为 10 年，人有权禁止他人未经许可而制造、出售体现该设计的产品，有权禁止他人未经许可，以营利为目的对该设计的实质性部分进行复制。该协议允许成员国对工业品的外观设计给予一定限制，但条件是必须保证第三方合法权益不至于受到外观设计专有权不应有的影响；不能妨碍有关设计的正常利用；限制不能过度，以免损害权利人的利益。

（3）商标。《知识产权协议》规定，缔约国必须对商品商标、服务商标提供注册保护，对驰名商标要给予特别保护，获准注册是取得商标权的唯一途径。申请注册的商标必须具有"视觉可感知"的标记。商标无正当理由而连续三年不使用，可予以撤销。商标应允许无限期的续展，首次注册和每次续展的期限不得少于 7 年。

(4) 地理标志，又称产地标志。按《知识产权协议》的规定，当某种商品在质量、功能等特征上与该地有密切联系时，这个地理名称才构成应予保护的"原产地标志"。使用非商业真实来源的地理标志或以其他不正当方式使用原产地标志的行为属于违法行为。善意使用某种地理名称作为商标注册，或善意使用地理名称但未在公众中引起混淆的，可以不被撤销其注册或不禁止使用。

(5) 集成电路布图设计。《知识产权协议》规定，一切为生产经营目的进口、销售或者散布含有受保护的布图设计，将该布图设计集成于一片材料之上或者之中的集成电路，以及集成电路构成的物品均为非法。不许对集成电路实行强制许可，对集成电路提供的保护期限为自登记之日起或首次付诸商业使用之日起至少 10 年，或从有关设计完成之日起 15 年。

(6) 知识产权的实施。《知识产权协议》规定了知识产权的实施程序，并把保护的具体措施分为民事与行政措施、临时措施、边境措施和刑事程序几部分。这些措施是知识产权在世界范围内进行保护的有力保障，也是对知识产权保护尚不完备的发展中国家进行法治建设的一种促进。

3. 有关版权的规定

《知识产权协议》要求各缔约国必须遵守《伯尔尼公约》1971 年文本的实体条款及附件。缔约方必须把计算机程序作为《伯尔尼公约》中所指的"文字作品"给予保护，将数据库作为汇编作品予以保护，保护期不得少于作品经许可而出版之年年底起 50 年。关于表演者和唱片、录音制品的制作者，表演者有禁止他人未经许可录制其未曾录制的表演和复制这类录制品的权利，并有禁止他人未经许可而以无线广播的形式传授或向公众传送其现场表演的权利。录音制品的制作者有权许可或制止直接或间接复制其录制品，并有权许可或禁止以商业目的出租其录制品。广播组织者有权许可或禁止他人录制或复制其广播，并有权禁止以无线电或电视传播其广播。

4. 有关商业秘密保护的规定

《知识产权协议》要求缔约国保护商业秘密。该协议中所指的商业秘密是不为公众所知，能为权利人带来经济利益，具有实用性并经权利人采取保密措施的技术信息和经营信息。这说明商业秘密不仅包括具有秘密性质的经营管理方法及与经营管理方法密切相关的经营信息，还包括那些凭技能和经验产生的，在实践中尤其是工业中适用的技术信息。根据该协议的规定，商业秘密的权利人有权制止他人未经许可而披露、获得或使用有关信息。该协议对商业秘密的保护期限未作具体规定。对商业秘密进行保护等于说未公开的技术也可以得到法律保护，这就填补了专利与版权之间的空白。

七、中国对外技术贸易管理

国际技术贸易涉及中国政治、经济、生产、金融、技术、法律及国家发展战略和政策等多个方面。为了保证对外技术贸易的健康发展、维护技术进出口的经营秩序、规范技术进出口的经营行为，中国制定了一系列有关技术进出口的法令法规，对中国对外技术贸易进行管理。

（一）中国技术进出口管理制度

1950年，中国对外援助开始起步。20世纪60年代初，中国通过对外经济技术援助和国际科技合作向一些发展中国家出口技术，并从发达国家引进先进技术。20世纪80年代以后，中国通过技术贸易途径出口的技术越来越多，为规范技术进出口行为，中国先后制定了有关的技术进出口管理制度，并随形势的发展对其中某些规定做新的修订。1985年5月24日，国务院发布了《中华人民共和国技术引进合同管理条例》；对外贸易经济合作部撤销，成立于1993年，其前身对外经济贸易部于1988年1月20日发布了《中华人民共和国技术引进合同管理条例施行细则》；1996年3月22日，对外经济贸易合作部发布了《中华人民共和国技术引进和设备进口贸易工作管理暂行办法》。

中国加入世界贸易组织（WTO）以后，为履行作为WTO成员的义务，国务院于2001年10月31日通过了《中华人民共和国技术进出口管理条例》；2001年12月30日，对外贸易经济合作部与国家经济贸易委员会（现合并为商务部）又发布了《中华人民共和国禁止进口限制进口技术管理办法》和《中华人民共和国技术进出口合同登记管理办法》，经济贸易委员会与科学技术部发布了《中华人民共和国禁止出口限制出口技术管理办法》，上述法规均从2002年1月1日起施行。与此同时，过去的技术进出口管理条例及实施细则全部废止。

除上述专门法规外，其他涉及对外技术贸易管理的主要法规还有《中华人民共和国对外贸易法》《中华人民共和国知识产权海关保护条例》等。

（二）中国对外技术贸易的管理部门

根据《中华人民共和国技术进出口管理条例》的规定，商务部依照《中华人民共和国对外贸易法》负责全国的技术进出口管理工作。各省、自治区、直辖市人民政府外经贸主管部门根据商务部的授权，负责本行政区域内的技术进出口管理工作。国务院有关部门按照国务院的规定，履行技术进出口项目的有关管理职责。

1.依照《中华人民共和国对外贸易法》，商务部在进出口管理方面履行以下职责

（1）拟定和执行对外技术贸易的政策、管理规章和鼓励技术出口政策；

（2）拟定高新技术产品出口目录和国家禁止、限制进出口技术目录；

（3）管理技术和高新技术产品的出口，管理技术引进和国际招标；

（4）拟定和执行国家技术出口管制政策，颁发与技术防扩散出口相关的出口许可证；

（5）组织多边和双边工业技术合作；

（6）负责外经贸科技发展、技术进步等事务。

2. 各省、自治区、直辖市人民政府外经贸主管部门根据商务部的授权，负责本行政区域内的技术进出口管理工作

由于国家实行统一的对外贸易制度，所以省一级的地方政府对技术进出口的管理，仅能根据商务部授权的职责范围内进行管理，而且只能在本行政区域内从事管理工作。省一级的地方政府经商务部授权后，可以独立负责技术进出口管理工作，以自己的名义行使行政权力并承担行政责任。

3. 其他技术进出口管理部门

除商务部以外，对技术进出口具有部分管理职责的部门还有国家发改委、科技部、外交部等。

（三）中国对技术进出口的管理

1. 中国对技术引进的管理

中国对技术引进的管理主要是通过将其纳入国家经济技术发展的统一规划，并根据国家政策所制定的有关法令法规，对技术引进项目及其合同实行管理。

（1）中国现阶段技术引进的基本原则和政策

①技术引进必须从中国的国情、国力、特点和条件出发，结合国民经济各产业部门的技术结构、发展特点来选择引进技术的基础和方式，这是技术引进的一项基本原则。

②技术引进首先要保证建立在国家经济发展急需的基础上，同时又结合经济体制改革，以利于搞活大中型企业。

③注重对引进技术的消化吸收和推广创新，并使之国产化。

④进一步完善技术引进的市场战略，坚持多方位引进技术，特别注重以技术许可贸易、技术服务、顾问咨询、合作生产、合作设计以及关键设备的引进等方式开展工作，增加引进项目中技术软件的比重，控制成套设备的进口。

⑤在引进技术的同时引进先进的管理方法。

⑥利用多渠道筹集外汇资金，引进先进和适用技术。

⑦利用税收杠杆，对有些项目的技术引进实行税收优惠政策。

（2）中国技术引进的程序

①技术进口交易的准备。这一阶段的工作包括引进技术项目的立项和可行性研究，其主要内容包括：技术引进企业制定进口技术的计划，报有关政府主管部门审查批准；

进口技术的计划获得批准后，技术引进企业编制进口技术项目建议书，报有关政府主管部门审查批准；项目建议书获得批准后，技术引进企业编制可行性研究报告，报有关政府主管部门审查批准；可行性研究报告获得批准后，技术引进企业便可以进行正式的技术询价和谈判，若企业无进出口经营权，则需委托有经营权的外贸公司代理办理进口有关技术。

②对外谈判并签订合同。这一阶段主要包括以下工作：正式对外询价，对技术和价格等有关因素进行综合分析；技术谈判，进一步了解技术的内容和技术供方的意图；商务谈判，在技术谈判的基础上进行有关商业内容的谈判；商签合同，在按照有关法律的规定向审批机关办理审批手续后，进出口双方按照谈判的结果签订合同。

③履行合同。技术引进合同批准后，受方应统筹安排，加强与供方协调，按照合同的规定，按时按质履行合同。在这一过程中，需要完成以下工作：

A. 供方交付技术资料，受方支付入门费；

B. 受方派技术人员赴供方进行培训；

C. 供方交付机器设备、生产线，货到后受方提货及报验；

D. 供方派技术人员，协助受方安装技术设备，帮助受方掌握技术；

E. 投料试生产，供方和受方按照合同规定的技术标准验收，并签署验收报告；

F. 受方支付合同价款；

G. 争议的解决、索赔等。

以上三个阶段中，为维护我国企业利益，根据我国实践经验并参考一些国家的立法，我国规定，引进合同中不得含有下列不合理的限制性条款：

A. 要求受方接受同技术引进无关的附带条件，包括购买不需要的技术、技术服务、原材料、设备或产品；

B. 限制受方自由选择从不同来源购买原材料、零部件或设备；

C. 限制受方发展和改进所引进的技术；

D. 限制受方从其他来源获得类似技术或与供方竞争的同类技术；

E. 双方交换改进技术的条件不对等；

F. 限制受方利用引进的技术生产产品的数量、品种或销售价格；

G. 不合理地限制受方的销售渠道或出口市场；

H. 禁止受方在合同期满后，继续使用引进的技术；

I. 要求受方为不使用的或失效的专利支付报酬或承担义务。

同时，外商投资企业以技术作为投资的，该技术的进口应按照外商投资企业设立审批的程序进行审查或者办理登记。

另外，在技术引进合同的履约过程中涉及的税收和用汇问题，分别统一由国家税务总局（涉及关税的由海关总署负责）和国家外汇管理局负责解决和管理。

（3）中国对进口技术的管理分类

中国对技术引进分三类管理。

第一类：鼓励进口的技术，也称自由进口的技术。

依照《中华人民共和国技术进出口管理条例》第七条规定："国家鼓励先进、适用的技术进口。"这一鼓励技术进口的规定，有以下三方面内容：

①我国鼓励先进、适用的技术进口，是为了促进工农业科学技术水平的提高。

②关于先进、适用的技术并没有明确的定义，我国根据多年的技术贸易管理实践，形成了一定的判断标准：有利于发展高新技术，生产先进产品；有利于提高产品质量和性能，降低生产成本，节约能耗；有利于改善经营管理，提高科学管理水平；有利于产业结构优化升级；有利于充分利用本国资源、保护生态环境和人民健康；有利于扩大产品出口、增加外汇收入。技术贸易主管部门规定的先进、适用技术必须符合上述一项以上标准。

③鼓励措施具体包括以下内容。

A. 对于技术进口经营者免征关税和进口环节增值税。

B. 对于外国技术转让人减征、免征预提所得税。

第二类：限制进口的技术，采用进出口许可证制度的管理。

《中华人民共和国技术进出口管理条例》第十条规定："属于限制进口的技术，实行许可证管理；未经许可，不得进口。"我国对限制进口的技术，实行许可证管理。

《中华人民共和国对外贸易法》规定，属于下列情形之一的技术，国家可以限制进口：

A. 为维护国家安全、社会公共利益或者公共道德，需要限制进口的；

B. 为保护人的健康或者安全，保护动物、植物的生命或者健康，保护环境，需要限制进口的；

C. 为实施与黄金或者白银进出口有关的措施，需要限制进口的；

D. 为建立或者加快建立国内特定产业，需要限制进口的；

E. 对任何形式的农业、牧业、渔业产品有必要限制进口的；

F. 为保障国家国际金融地位和国际收支平衡，需要限制进口的；

G. 依照法律、行政法规的规定，其他需要限制进口的；

H. 根据我国缔结或者参加的国际条约、协定的规定，其他需要限制进口的。

第三类：禁止进口的技术，国家严禁进口。

《中华人民共和国对外贸易法》规定，国家禁止进口下列技术：

A. 为维护国家安全、社会公共利益或者公共道德，需要禁止进口的；

B. 为保护人的健康或者安全，保护动物、植物的生命或者健康，保护环境，需要禁止进口的；

C. 为实施与黄金或者白银进出口有关的措施，需要禁止进口的；

D. 依照法律、行政法规的规定，其他需要禁止进口的；

E. 根据我国缔结或者参加的国际条约、协定的规定，其他需要禁止进口的。

同时，《中华人民共和国对外贸易法》还规定，国家对与裂变、聚变物质或者衍生此类物质的物质有关的货物、技术进口，以及与武器、弹药或者其他军用物资有关的进口，可以采取任何必要的措施，维护国家安全。

2. 中国对技术出口的管理

（1）中国技术出口的基本原则和方针

A. 技术出口要严格遵守国家的法律，符合国家安全的需要和外交政策，不得危害国家安全和公共利益。

B. 积极鼓励开拓技术出口。

C. 走"贸工技银"结合的科技兴贸道路。

D. 运用法律、经济手段对技术出口贸易进行宏观调控，制定禁止、限制、鼓励技术出口项目的不同类别，实行不同的管理措施。

E. 遵守国际规范惯例，保护知识产权，严禁承担不出口义务的引进技术的再出口。

F. 技术出口要符合我国外贸和科技政策，有利于我国对外贸易和国际经济合作的发展，推动科学技术的进步。

（2）中国技术出口的程序

我国技术出口程序大致可分为三个阶段。

第一阶段：技术出口项目的立项批准，主要包括技术出口项目的可行性研究和报主管部门批准。

第二阶段：谈判与签约，主要包括技术询价和报价、技术谈判和商务谈判，以及接受与签订合同。

第三阶段：合同的履行，主要包括技术资料的准备与交付，对受方人员的技术培训，派技术人员赴受方进行技术指导和技术项目验收，合同有关的机器设备及其他物料的准备和交付，合同价款的收汇等。

（3）中国对技术出口的分类管理

我国对技术出口分三类管理。

第一类，鼓励出口的技术，即自由出口的技术。

《中华人民共和国技术进出口管理条例》第三十条规定："国家鼓励成熟的产业化技术出口。"我国对属于自由出口的技术，实行合同登记管理，合同自依法成立时生效，不以登记为合同生效的条件。

进入21世纪，随着经济、贸易全球化深入发展和我国加入WTO，我国对外贸易发展事业步入新阶段，迫切需要进一步增加成熟的产业化技术出口，并以此带动高技术含量、高附加值的机电产品和成套设备出口的比重，以适应国际竞争的新形势，使我国对外技术贸易获得更好发展。目前，我国已拥有大量成熟的技术，其中不少已经达到世界先进水平。鼓励成熟的产业化技术出口，不仅可以进一步促进我国技术开发，还可以通过转让技术带动我国生产线、成套设备的出口，扩大技术出口规模。因此，我国鼓励成熟的产业化技术出口，并制定了一定的鼓励措施，即税收优惠政策和政策性金融手段。

第二类，限制出口的技术。

《中华人民共和国对外贸易法》规定，属于下列情形之一的技术，国家可以限制出口：

A. 为维护国家安全、社会公共利益或者公共道德，需要限制出口的；

B. 为保护人的健康或者安全，保护动物、植物的生命或者健康，保护环境，需要限制出口的；

C. 为实施与黄金或者白银进出口有关的措施，需要限制出口的；

D. 国内供应短缺或者为有效保护可能用竭的自然资源，需要限制出口的；

E. 输往国家或者地区的市场容量有限，需要限制出口的；

F. 出口经营秩序出现严重混乱，需要限制出口的；

G. 依照法律、行政法规的规定，其他需要限制出口的；

H. 根据我国缔结或者参加的国际条约、协定的规定，其他需要限制出口的。

第三类，禁止出口的技术。

《中华人民共和国对外贸易法》规定，属于下列情形之一的技术，国家禁止出口：

A. 为维护国家安全、社会公共利益或者公共道德，需要禁止出口的；

B. 为保护人的健康或者安全，保护动物、植物的生命或者健康，保护环境，需要禁止出口的；

C. 为实施与黄金或者白银进出口有关的措施，需要禁止出口的；

D. 国内供应短缺或者为有效保护可能用竭的自然资源，需要禁止出口的；

E. 依照法律、行政法规的规定，其他需要禁止出口的；

F. 根据我国缔结或者参加的国际条约、协定的规定，其他需要禁止出口的。

同时，《中华人民共和国对外贸易法》还规定，国家对与裂变、聚变物质或者衍生此类物质的物质有关的货物、技术出口，以及与武器、弹药或者其他军用物资有关的出口，可以采取任何必要的措施，维护国家安全。

（四）中国对技术贸易管制中限制性商业惯例的做法

1. 中国关于限制性商业惯例的法律规定

中国调整限制性商业惯例工作进入成熟阶段的标志是2002年开始实施的《中华人民共和国技术进出口管理条例》，此条例列举了技术进口合同中不得含有的不合理的限制性条款：

（1）要求受让人接受并非技术进口必不可少的附带条件，包括购买非必需的技术、原材料、产品、设备或者服务；

（2）要求受让人为专利权有效期限届满或者专利权被宣布无效的技术支付使用费或者承担相关义务；

（3）限制受让人改进让与人提供的技术或者限制受让人使用所改进的技术；

（4）限制受让人从其他来源获得与让与人提供的技术类似的技术或者与其竞争的技术；

（5）不合理地限制受让人购买原材料、零部件、产品或者设备的渠道或者来源；

（6）不合理地限制受让人产品的生产数量、品种或者销售价格；

（7）不合理地限制受让人利用进口的技术生产产品的出口渠道。

上述规定使得国内技术引进部门在抵制国外技术许可方提出的限制性要求中有了法律依据。

2. 中国在国际技术贸易实践中应采取的对策

在中国进行对外技术贸易过程中，我方对待国外技术许可方提出的限制性要求，一方面，要遵守中国的相关规定，对某些不合理条款予以拒绝，另一方面，也要根据实际情况，灵活处理，具体如下：

①签订技术进出口时，必须遵守我国的法律，凡法律规定合同中不得含有的限制性商业条款，未经特别批准，不得订入合同。

②对中国法律未作明确规定的限制性条款，可以根据交易的具体情况、我方之所需和利弊关系，灵活掌握，原则是从我方的技术引进目的和总体利益出发，对我方有利或条件对等。有时为了我方引进必要技术的长远利益考虑，也需要做出一定的、合理的让步。

第三节 国际服务贸易

一、国际服务贸易的分类与特征

（一）国际服务贸易的分类

1. 国际服务贸易（International Trade in Service）的概念

国际服务贸易是指不同国家之间所发生的服务交易的活动，这种服务是指以提供活劳动的形式满足他人需要并获取外汇报酬的活动。正如马克思所指出："服务这个名词，一般地说，不过是指这种劳动所提供的特殊使用价值，就像其他一切商品也提供自己的特殊使用价值一样；但是这种劳动的特殊使用价值在这里取得了'服务'这个特殊名词，是因为劳动不是作为物，而是作为活动提供服务的。"

世界贸易组织《服务贸易总协定》规定国际服务贸易包括：跨境提供、境外消费、商业存在和自然人流动四种方式提供服务。贸易一方向另一方提供服务并获得收入的过程称为服务出口或服务输出，购买他人服务的一方称为服务进口或服务输入。

2. 服务贸易的分类

乌拉圭回合服务贸易谈判小组通过征求各谈判方的提案和意见，提出了以部门为中心的服务贸易分类方法，将服务贸易分为12大类。

（1）商业性服务，是指在商业活动中涉及的服务交换活动，包括以下6种服务，其中既包括个人消费的服务，也包括企业和政府消费的服务。

①专业性（包括咨询）服务。它涉及的范围包括法律服务、工程设计服务、旅游服务、城市规划及环保服务、公共关系服务等。专业性服务中包括涉及上述服务项目的有关咨询服务活动，安装及装配工程服务。

②计算机及相关服务。这类服务包括计算机硬件安装的咨询服务、软件开发与服务、数据处理服务、数据库服务及其他。

③研究与开发服务。这类服务包括自然科学、社会科学及人类学中的研究与开发服务。

④不动产服务。即不动产范围内的服务交换，但不包括土地的租赁服务。

⑤设备租赁服务。主要包括交通运输设备，如汽车、飞机、船舶和计算机、娱乐设备等的租赁服务。

⑥其他服务。即生物工艺学服务；翻译服务；展览管理服务；广告服务；市场研究及公众观点调查服务；管理咨询服务；与人类相关的咨询服务；技术检测及分析服务；

与农、林、牧、采掘业、制造业相关的服务；与能源分销相关的服务；人员的安置与提供服务；调查与保安服务；与科技相关的服务；建筑物清洁服务；摄影服务；包装服务；印刷、出版服务；会议服务；其他服务；等等。

（2）通信服务，是指所有有关信息产品、操作、存储设备和软件功能等服务。通信服务由公共通信部门、信息服务部门、关系密切的企业集团和私人企业间进行信息转接和服务提供。主要包括：邮电服务；信使服务；电信服务，包括电话、电报、数据传输、电传、传真；视听服务，包括收音机及电视广播服务；其他电信服务。

（3）建筑服务，主要是指工程建筑从设计、选址到施工的整个服务过程。

（4）销售服务，是指产品销售过程中的服务交换。包括：商业销售，主要指批发业务；零售服务；与销售有关的代理费用及佣金等；特许经营服务；其他销售服务。

（5）教育服务，是指各国间在高等教育、中等教育、初等教育、学前教育、继续教育、特殊教育和其他教育中的服务交往，如互派留学生、访问学者等。

（6）环境服务，是指污水处理服务、废物处理服务、卫生及相关服务等。

（7）金融服务，主要是指银行和保险业及相关的金融服务活动。

（8）健康及社会服务，主要是指医疗服务、其他与人类健康相关的服务、社会服务等。

（9）旅游及相关服务，即指旅馆、饭店提供的住宿、餐饮服务、膳食服务及相关的服务，旅行社及导游服务。

（10）文化、娱乐及体育服务，即指不包括广播、电影、电视在内的一切文化、娱乐、新闻、图书馆、体育服务，如文化交流、文艺演出等。

（11）交通运输服务，主要包括货物运输服务，如航空运输、海洋运输、铁路运输、管道运输、内河和沿海运输、公路运输服务，也包括航天发射以及运输服务，如卫星发射等;客运服务;船舶服务（包括船员雇用）;附属于交通运输的服务，主要指报关行、货物装卸、仓储、港口服务、起航前查验服务等。

（二）国际服务贸易的特征

国际服务贸易自身的复杂性及其与货物贸易的差异，使其具有以下几方面的主要特征。

1.国际服务贸易中大多数服务具有无形性

众所周知，就货物贸易而言，在特定的时间和确定的地点，人们可以看见货物、资本或信息的跨国界移动。但是，人们要想亲眼看见服务出口或进口却是相当困难的。因为服务的物质及组成服务的元素，在很多情况下是无形的。随着科学技术的发展，虽然有相当一部分服务可以借助现代科技表现出来，但是我们很难亲眼看见服务出口或进口，比如一个人出国讲学、出国演出、提供咨询服务等。如果不做广泛调查，边境人员是无法知道什么是服务的出口或进口的。

另外,我们在认识服务的无形性时,一定要区分服务本身和服务加以表现的形式。比如,厨师的烹调行为是服务,但是厨师使用的原料并不是服务,而是服务所借助的物质,烹调出来的菜也不是服务,而是服务的成果。服务正是通过这种成果表现出来的。

2. 国际服务贸易中部分服务具有生产和消费的同时性

一般来说,与货物贸易相比,部分服务贸易交易的标的物——服务,是不能储存的,服务的生产过程与消费过程同时进行,服务消费在生产过程中完成,并要求服务提供者和使用者存在某种形式的接触。如果没有消费者接受服务,则原则上服务并不发生。比如歌手开演唱会,随着演唱会结束,服务也提供完毕,而作为服务消费者的听众消费也就完毕。因而,服务的使用价值不能脱离服务出口者(生产者)和服务进口者(消费者)而固定于某一耐久货物中。当然,有些服务,或者说有些服务活动或劳动也可能体现在某一货物中,或者说可以和生产者、服务出口者分离。但是,服务贸易的不可储存性仍然广泛存在。

3. 国际服务贸易交易标的物的多样化

国际服务贸易与货物贸易比较,其交易标的物不是单纯的货物,而是呈现出多样化的特点。例如,技术贸易作为服务贸易的内容之一,其交易标的物是专利、商标及专有技术。除此之外,很多服务贸易交易的标的物难以货物贸易形式的标的物体现,如运输服务、旅游服务、金融服务、保险服务。这类服务贸易交易的标的物我们自然不能认为是提供运输服务的承运人或飞机、轮船、火车、汽车;也不能认为交易的标的物是旅游景点等。所以,国际服务贸易交易的标的物具有多样化和无形性的特点。

4. 国际服务贸易服务质量的差别性

国际货物贸易中货物的品质和消费效果通常是相同的,同一品牌的家电或汽车,除去假冒产品,其品质和消费效果基本上没有差异。而同一种服务的质量和消费效果往往存在显著差别。这种差别来自供求两方面:第一,服务提供者的技术水平和服务态度,往往因人、因时、因地而异,他们的服务质量随之发生差异;第二,服务消费者对服务也时常提出特殊要求。所以,同一种服务的一般与特殊的差异是经常存在的。统一的服务质量标准只能规定一般要求,难以确定特殊的、个别的需要。

5. 国际服务贸易涉及法律的复杂性

国际服务贸易与货物贸易相比,涉及的法律要复杂得多。货物贸易主要适用合同法、买卖法、国际货物销售合同公约等,相对而言较简单。但是,国际服务贸易涉及的国内外法律及国际法要广泛得多、复杂得多。例如技术贸易合同所涉及的法律,除了适用货物买卖法、合同法外,还要受工业产权法、专利法、商标法、反托拉斯法、公平贸易法、高技术出口管制法等法律规范的约束。国际服务贸易是通过国内法、国际法规定进行管理的,管理的对象主要是服务提供者,管理的内容主要涉及市场准入和管理外国投资等主权问题。因此，国际服务贸易涉及的法律较为复杂。

6. 国际服务贸易标的物的使用权和所有权呈现复杂性

与货物贸易相比，国际服务贸易标的物的使用权与所有权在交易过程中比较复杂。在货物贸易中，交易过程一旦结束，货物的使用权和所有权同时转让，即卖方失去对货物的所有权和使用权，卖方无权支配和使用该货物。但是，在国际服务贸易中却比较复杂。一般来说，国际服务贸易中服务提供者与消费者原则上是一种标的物的所有权和使用权相分离的贸易。例如，技术贸易是技术许可方（服务出口者）在一定条件下，将技术贸易标的物的使用权转让给技术接受方（服务进口者）使用，而没有将其所有权转让给服务进口者。知识产权的交换都存在这种特点。然而，由于服务贸易标的物又存在无形性的特征，很多国际旅游中，作为服务消费者的旅客所消费的服务是涉及旅游的各种服务内容，在消费过程中实现和满足他的服务要求，但是我们却很难用一种物化的媒介物说明该服务消费者获得了某种使用权或所有权。

二、当代国际服务贸易的发展

（一）第二次世界大战后国际服务贸易发展的特点

1. 国际服务贸易发展迅速

第二次世界大战之前，服务贸易随着交通运输、金融、通信等行业的发展而有所发展，但其发展速度和规模以及在世界经济中的地位和作用均不显著。第二次世界大战之后，尤其是20世纪60年代后，科学技术革命推动了生产力的发展，促进了社会分工的扩大和深化，加深了各经济部门之间和各经济部门内部的相互依赖。这种情况要求有一种非生产的"要素"加入到生产过程中，以便协调各生产经营活动环节之间的联系，合理配置生产要素。服务行业就是所需要的这种要素，它应时崛起，成为生产经营活动不可缺少的成分。随着经济的发展，人民的物质生活水平不断提高，也刺激了对高消费的服务需求。这些因素使战后服务贸易有了惊人的增长。从1980年到2010年，世界服务贸易出口额从3650亿美元扩大到36650亿美元，30年间增长了9倍，占世界贸易出口总额的比重从1/7上升到近1/5。

2. 新兴服务贸易部门比重不断扩大

20世纪80年代以来，世界服务贸易结构发生了很大变化，逐渐向新兴服务贸易部门倾斜，以通信、计算机和信息服务、金融、保险、专利使用和特许为代表的其他服务类型所占比重从1990年的37.5%逐步增长到2005年的47.8%。旅游、运输等传统服务贸易部门保持稳定增长，但所占比重下降。1990—2005年，运输服务占世界服务贸易的比重从28.6%下降到23.3%，旅游服务占比从33.9%下降到28.9%。

近年来，全球信息技术革命的不断发展增强了服务活动及其过程的可贸易性，通信、计算机和信息服务、咨询等新兴服务行业不断扩张。同时，与近年来出现的大型呼叫中心、数据库服务、远程财务处理等一样，新的服务贸易业务逐渐衍生出来。世界服务贸易正逐渐由以自然资源和劳动密集型为基础的传统服务贸易转向以知识技术密集型为基础的现代服务贸易。国际服务贸易竞争的重点将集中于新兴服务行业，以电子信息技术为主和以高科技为先导的一系列新兴服务将成为未来各国国民经济发展的主要支柱和强大动力。

3. 发达国家在国际服务贸易中占主导地位

目前，由于世界各国经济和服务业发展不平衡，各国的对外服务贸易水平及在国际服务市场上的竞争实力悬殊，与国际货物贸易领域相比，全球各地区和各国服务贸易发展的不对称性更加突出。近年来，虽然发展中国家在世界服务贸易中的地位趋于上升，但发达国家仍占主导地位。

从服务贸易出口总量看，美国、英国等发达国家在世界服务贸易中占据主导地位。2011年，美国、英国、德国、中国和法国居服务贸易出口前五名，除中国外其他四个发达国家服务贸易出口额合计占全球服务贸易出口总额的30.5%，其中美国占13.9%，英国占6.6%。而服务贸易出口前十位国家中仅有中国、印度两个发展中国家。2011年，服务贸易顺差最大的国家是美国，顺差为1870亿美元。

从服务贸易进口总量来看，2011年，美国、德国、中国、英国和日本是服务贸易进口前五名国家，其中服务贸易逆差最大的国家是中国，逆差为549亿美元。资料显示，全球近200个国家和地区中，服务贸易居前20位的国家和地区主要是发达国家和地区，美国、德国、英国、日本、法国等国家的服务进出口额约占各自国家进出口总额的20%左右。

目前，广大发展中国家已经充分意识到抓住新一轮国际产业转移对本国经济发展的重要性，并开始利用比较优势大力发展服务业和服务贸易。发展中国家除了在劳务输出、建筑工程承包、旅游等传统服务贸易中继续保持一定优势外，在通信、计算机和信息服务方面也加大投入，发掘区位优势、人力资源优势和政策优势，积极承接发达国家的外包业务。从世界范围来看，发展中国家的服务贸易出口竞争力正在增强。

4. 服务外包成为新的服务贸易形式

近年来，随着跨国公司的战略调整以及系统、网络、存储等信息技术的迅猛发展，由业务流程外包（BPO）、信息技术外包（ITO）和知识流程外包（KPD）组成的服务外包正逐渐成为服务贸易的重要形式，给世界经济注入了新的活力。世界发达国家和地区是主要的服务外包输出地，在全球外包支出中，美国占了约2/3，欧盟和日本占近1/3，其他国家所占比例较小。发展中国家是主要的服务外包业务承接地，其中亚洲是承接外包业务最多的地区，约占全球外包业务的45%。目前，印度是亚洲的外包中心，2003年印度就已经成为世界计算机和信息服务出口第二的国家；墨西哥是北美的外包中心；东欧和爱尔兰是欧洲的外包中心；中国、菲律宾、巴西等国已经逐步成为区域性或全球性服务外包中心。

美国通用电气（GE）曾提出，公司外包业务的70%将采用离岸模式。部分跨国公司已经在扩大外包业务范围。这表明跨国公司的经营理念将进一步发生变革，非核心业务的离岸外包将成为大的趋势。

5. 商业存在成为服务贸易的主要方式

由于服务产品的无形性、不可储存性，在消费国内部通过商业存在提供服务，有利于服务提供者的批量生产，取得规模效益，降低成本和价格。因此，随着经济全球化进程的加速，世界范围的产业结构调整和转移进一步升级，跨国直接投资以高于世界经济和货物贸易的速度增长，国际产业转移的重点由制造业转向服务业。20世纪90年代以来，全球对外直接投资（FDI）总额的一半以上流向了服务业。截至2005年底，服务业贸易额在全球FDI总存量中占60%，在每年FDI新增流量中约占2/3。金融、保险、旅游和咨询等服务业是国际产业转移的重点领域。从20世纪70年代开始，由外国直接投资产生的，通过外国商业存在所实现的国际服务贸易规模迅速扩大，在一些发达国家已经超过了跨境方式。在进口方面，美国境内的外国附属机构服务贸易规模从1990年起就已经开始超过跨境服务贸易规模；在出口方面，美国海外附属机构服务贸易规模从1996年开始超过跨境服务贸易规模。1995年，美国通过商业存在方式实现的服务贸易总规模首次超过跨境贸易。2003年，美国公司海外附属机构所从事的服务产品销售额达到4770亿美元，而当年美国的国际收支平衡表记录的服务出口只有2920亿美元。因此，2003年美国仅通过商业存在发生的服务贸易额大约是"国际收支平衡表"所反映贸易额的1.6倍。

（二）第二次世界大战后国际服务贸易迅速发展的原因

1. 服务业在各国经济中的地位上升

服务贸易的迅速发展反映了服务业交易的扩大，也是服务业在国民生产总值（GNP）或国内生产总值（GDP）比重上升的客观反映。20世纪60年代以来，世界各国经济结构的重心开始转向服务业，2006年世界服务业的产值占世界国内生产总值的比重已达到69%，其中发达国家服务业的产值占国内生产总值的比重为72.4%，美国为76.7%，发展中国家为54.6%；服务业吸收劳动力就业比重，发达国家普遍在70%左右，少数国家在80%以上。

2. 科学技术的发展使服务业日益专业化

许多服务项目由制造业分离出来而成为独立的服务行业，其目的是应对国内和国际市场上激烈的非价格竞争。以知识密集型服务为例，由于面临国内与国际市场的激烈竞争，知识密集型服务必须不断地把技术进步转化为生产能力和国际竞争力，因而在生产的各阶段不断出现对专门服务的需求。在生产的"上游"阶段，要投入的专门性服务有：可行性研究、产品概念与设计、市场调研等。在生产的"中游"阶段，有的服务与货物生产本身相结合，如质量控制、设备租赁、后勤供应、保存和维修；有的服务与生产"中游"并行出现，如公司运行需要各种专门服务，会计、人事管理、电讯、法律、保险、金融、安全、伙食供应等。在生产的"下游"阶段，需要广告、运输、销售、人员培训等。

一个生产企业在世界市场上保持竞争地位的关键是保持"上游"、"中游"和"下游"三个阶段服务的反馈，以保证其产品的生产和销售的扩大。

3. 跨国公司的迅速发展加快了服务的国际化

跨国公司的大量增加，提高了服务国际化的速度。信息技术的发展有助于加速服务范围的扩大，对外国市场更便于提供服务。跨国公司在金融、信息和专业服务上都是重要的供应者，其中许多公司迅速扩大，向全球提供服务。2005 年《财富》杂志公布的世界 500 强企业共涉及 51 个行业，其中 28 个属于服务行业，从事服务业的跨国公司有 281 家；在其他 500 强制造业企业中其服务业务的收入已经接近或超出了制造业的收入。

4. 国际服务合作的扩大促使服务贸易扩大

国际服务合作是指拥有工程技术人员和劳动力的国家和地区，通过签订合同，向缺乏工程技术人员和劳动力的国家和地区提供所需要的服务，并由接受服务的一方付给报酬的一种国际经济合作形式。国际服务合作主要有以下几种方式：（1）承包外国各类工程；（2）劳务输出；（3）各种技术性服务出口或生产技术合作，如出口专利、科技知识、科研成果、工艺等知识形态的服务；（4）向国外出租配有操作人员的各种大型机械；（5）向国外提供咨询服务等。

5. 国际旅游业的迅猛发展加快了服务贸易的发展

第二次世界大战之后，旅游业的发展速度超过了世界经济中的许多部门，成为蓬勃发展的行业。1970 年之后，国际旅游业成为仅次于石油和钢铁工业的第三大产业。出国旅游人数从 1980 年的 2.85 亿人次增加到 1996 年的 5.92 亿人次。同期，旅游业总收入从 925 亿美元提高到 4231 亿美元。2001 年世界旅游人数达 6.93 亿人次，世界旅游收入达 4620 亿美元。

三、中国服务贸易

（一）中国服务贸易发展特点

1. 服务贸易规模迅速扩大

党的十六大以来，我国服务贸易保持稳健发展，贸易规模迅速扩大，国际地位不断上升，成为全球服务贸易的重要国家。

2011年是中国"十二五"规划的开局之年，中国服务贸易保持平稳较快增长态势。据商务部统计，2011年中国服务进出口总额为4191亿美元，比上年增长15.6%。其中，服务出口1821亿美元，同比增长7%；服务进口2370亿美元，同比增长23.3%。2012年我国服务贸易进出口总额为4705.8亿美元，比上年增长12.3%，占世界服务贸易进出口总额的5.6%，占我国外贸总额的10.8%。其中出口居世界第五位，进口居世界第三位。

2002—2011年，我国服务进出口总额从855亿美元增长到4191亿美元，增长了3.9倍，年均增长19%。其中服务出口总额从394亿美元增长到1821亿美元，年均增幅达19%；服务进口总额从461亿美元增长到2370亿美元，年均增幅达20%。同期，我国服务进出口的国际排名不断上升，服务出口排名由第11位上升至第4位，服务进口排名由第9位上升至第3位。中国已成为全球服务贸易大国。

2012年中国服务贸易进出口总额达4705.8亿美元。据世界贸易组织2013年4月公布的2012年世界各国服务贸易排名，中国服务贸易进出口总额仅次于美国和德国升至第三位。

2. 服务贸易行业结构日趋优化

我国的服务贸易以传统的服务贸易行业为主体，而高附加值服务贸易行业增速迅猛。运输、旅游是我国服务贸易传统进出口行业，在服务贸易进出口总额中的合计超过50%，在国际竞争中具有比较优势，是促进服务贸易总量增长的主要动力。

（1）运输是拉动服务贸易进出口增长的第一大行业。近年来，我国交通基础设施建设取得新的突破，运力结构进一步优化。运输在我国服务贸易进出口中占有近三成的份额，2007年运输出口313.2亿美元，比上年增长49%，所占比重由上年的23%提升到25.7%，对服务贸易出口总额增长的贡献率为34.1%，同比提升2.2个百分点；拉动服务贸易出口总额增长11.3个百分点，同比提高3.7个百分点。运输进口432.7亿美元，比上年增长25.9%，对服务贸易进口总额增长的贡献率达30.8%，拉动服务贸易进口增长8.9个百分点。2008年中国运输出口384.2亿美元，同比增长22.6%，增幅回落26.5个百分点，是自2000年以来同比增长最少的一年；运输进口503.3亿美元，同比增长16.3%，增幅回落9.6个百分点。2011年我国运输出口355.7亿美元，比2002年增长了5.2倍。

（2）旅游对服务贸易进口增长的贡献明显提升。2007年，我国旅游业稳步发展，入境旅游和出境旅游继续保持增长势头。随着旅游产品供应链的进一步完善，旅游要素供给的不断充裕，居民收入的增长和对外交流的增多，我国旅游服务贸易规模进一步扩大，其中旅游进口的提升更为明显。2007年，我国旅游进出口总额达670.2亿美元，比上年增长15%，其中进口297.9亿美元，同比增长22.5%，对服务贸易进口增长贡献率为18.9%，比上年提升4个百分点，拉动服务贸易进口增长5.5个百分点，提升2.4

个百分点；出口 372.3 亿美元，比上年增长 9.7%，拉动服务贸易出口增长 3.6 个百分点。2007 年我国入境接待 1.3 亿人次，入境过夜达 5472 万人次，创汇 419 亿美元；国内旅游 16.1 亿人次，收入 7771 亿元；出境旅游 4095 万人次；旅游总收入首次突破 1 万亿元；旅游直接和间接就业 6000 多万人。

2011 年我国旅游出口 484.6 亿美元，比 2002 年增长了 1.4 倍。2012 年我国出境旅游 8320 万人次，同比增长约 18%。据世界旅游组织出版的 2013 年第二期《世界旅游业晴雨表》中统计，2012 年中国出境旅游消费 1020 亿美元，在世界各国排名第一，超出第二名德国和第三名美国近 200 亿美元。

（3）高附加值行业服务贸易出口增势迅猛。全球软件和信息技术的快速发展，国际产业分工的日益深化，国际市场需求的持续递增，为我国软件和服务外包出口提供了机遇，通信服务、计算机和信息服务、专有权使用费和特许费、其他商业服务等高附加值服务贸易行业出口增势迅猛。2012 年我国计算机和信息服务出口增长 18.6%，专有权使用费和特许费出口增幅达 40.1%，金融服务出口增长 122.5%。2012 年，金融服务进口增长 158.4%，通信服务进口增长 38.6%，专有权利使用费和特许费增长 20.7%。

3. 服务外包实现跨越式发展

在国家一系列鼓励政策的引导和支持下，我国服务外包产业国际竞争力进一步增强，吸纳就业能力进一步提升，在调整经济结构、转变外贸发展方式、促进大学生就业等方面发挥了重要作用。2011 年，我国服务外包产业规模（指合同执行金额）进一步扩大，达到 323.9 亿美元，同比增长 63.6%，比 2010 年提高 22 个百分点；其中，离岸服务外包产业规模达到 238.3 亿美元，约占国际市场份额的 23%，比 2010 年提高了 6.3 个百分点。同时，服务外包产业中信息技术外包（ITO）仍占主导，占比为 61.1%，业务流程外包（BPO）占比为 15.5%，知识流程外包（KPO）发展迅速，占比达到 23.8%，提高了 11.5 个百分点，服务外包业务层级进一步提升。

据统计，中国服务外包产业年均增速超过 30%。截至 2011 年，全国服务外包企业超过 1.6 万家，从业人数超过 318 万人，服务外包合同执行金额超过 320 亿美元。2008—2012 年，中国服务外包企业承接离岸服务外包执行额由 46.9 亿美元增长至 336.4 亿美元，年均增幅超过 60%，跃升为全球第二大服务外包接包国。中国占全球离岸外包市场的份额从 2008 年的 7.7% 提高到 2012 年的 27.7%。

4. 积极推进文化、技术、会展等服务领域发展

党的十六大以来，随着文化体制改革进一步深化，我国文化贸易发展迅速，国际竞争力显著增强。2002—2011 年，我国文化服务进出口总额从 8.9 亿美元增长到 77.6 亿美元，年均增长 27.2%。展览行业水平逐渐提高，2011 年全国举办的展览会数量约为 6800 个，是 2002 年的 2.27 倍。在 2011 年的世界商展百强榜单中，我国占有 14 席

之多，位居世界第二；共有62个展会获得国际展览业协会（UFI）认证，位居世界第四；展览场馆建设速度位居世界前列。2011年我国会展场馆的总数为269个，是2002年的1.5倍。2002—2011年，我国技术引进合同签订数量翻了一番，合同总金额由173.9亿美元增长至321.6亿美元，增长84.9%，年均增速达9.4%。2009—2011年，技术出口合同总金额由111.5亿美元增长至214亿美元，其中计算机软件的出口金额由101.6亿美元增长至190.9亿美元。

5. 服务贸易伙伴高度集中

2011年，与中国香港、欧盟、东盟、美国、日本等国家（地区）的服务贸易额占中国内地服务贸易总额的64%。我国服务贸易伙伴高度集中。我国服务进出口主要集中于中国香港、欧盟、美国、日本、东盟等国家（地区）。其中，中国香港一直是内地最大的服务出口目的地、进口来源地和顺差来源地，双边服务贸易占中国内地服务贸易进出口总额的比重达四分之一。

6. 中国服务贸易发展不平衡

目前，全球服务业占世界经济总量的比重达到70%，主要发达经济体的服务业比重达到80%左右；服务出口占世界贸易出口的比重达到20%，而且还在加快发展。

我国服务贸易稳步发展，但由于起点低、底子薄，仍处于发展的初级阶段，总体水平与发达国家相比差距较大，国际竞争力仍然较弱，存在的五个不平衡需解决。

一是我国服务贸易和货物贸易发展水平不平衡。与我国的货物贸易相比，服务贸易发展水平较低。2011年，我国服务进出口与货物和服务进出口总额之比为10.35%，低于同期18%的世界平均水平；从我国服务贸易总额占世界服务贸易总额的比重来看，水平也较低，该比值仅为5.2%。同期，我国货物进出口总额占世界货物进出口总额的比重则为10.2%。

二是服务出口与服务进口发展不平衡。我国服务贸易处于逆差状态，2011年逆差额为549.2亿美元。逆差行业主要集中在运输服务、旅游和保险服务以及专有权利使用和特许费等领域，反映了国内经济和货物贸易发展所产生的国际航运、货运保险、先进技术等方面的竞争力不强。

三是服务贸易行业结构不平衡。计算机和信息服务、保险服务、金融服务、咨询服务等高附加值服务贸易在服务进出口总额中的比重仍然偏低，运输、旅游、建筑等传统服务贸易仍占据我国服务贸易的主导地位。

四是技术引进的主要来源地和地区不平衡，欧盟、日本和美国等发达国家和地区仍是我国技术引进的主要来源地；我国技术引进的地区较集中，主要集中在东部沿海地区；我国技术出口领域较集中，主要是软件出口。

五是服务贸易区域发展不平衡。我国东部沿海发达地区在运输、保险、计算机和信息服务、咨询服务和广告宣传等领域较内陆地区具有明显优势，目前是我国服务贸易的主要出口地区。2011年，我国90%的服务贸易集中在东部11个省市，其中北京、上海和广东合计占65%。

（二）中国服务贸易快速发展的原因

1. 国内服务业的发展为服务贸易奠定了坚实的产业基础

近年来，我国服务业发展迅速，为服务贸易发展奠定了基础。2001—2007年，服务业增加值年均增长10.8%，占国内生产总值（GDP）的平均比重为40.4%，对GDP增长的年均贡献率达42.3%。

2. 服务贸易领域对外开放程度的深化推动了服务贸易进出口的快速增长

加入WTO后，我国按照在服务贸易领域做出的开放承诺，在深化我国服务贸易市场对外开放程度的同时，引进了我国服务贸易发展所需的资金、技术和管理经验，推动了我国服务贸易的快速发展。

3. 货物贸易的快速增长促进了服务贸易的协同发展

服务贸易和货物贸易之间的高度依存关系，决定了货物贸易和服务贸易发展总体趋势的趋同性。货物贸易的实际过程依托于运输、通信、保险、金融、商业等服务贸易形式；而相当份额的服务贸易也是附加于货物贸易的。

4. 政策体系的逐步完善有力地保障和推动了服务贸易的发展

我国高度重视发展服务贸易，并制定了一系列政策、措施支持服务业和服务贸易的发展。《中华人民共和国国民经济和社会发展第十一个五年规划纲要》中提出，到2010年服务贸易进出口总额达到4000亿美元的发展目标。《国务院关于加快发展服务业的若干意见》把大力发展服务贸易作为转变外贸增长方式、提升对外开放水平的重要内容，并提出发展壮大国际运输，继续大力发展旅游、对外承包工程和劳务输出等具有比较优势的服务贸易，从政策层面支持了服务贸易的发展。党的十七大报告明确提出"大力发展服务贸易"。

2009年1月15日，国务院办公厅下发《关于促进服务外包产业发展问题的复函》，批复了商务部会同有关部委共同制定的促进服务外包发展的政策措施。经国务院批准，将北京、天津、上海等20个城市确定为中国服务外包示范城市，深入开展承接国际服务外包业务，促进服务外包产业发展试点。国家将在20个试点城市实行一系列鼓励和支持措施，包括税收优惠、财政资金支持、实用人才培训、特殊劳动工时、金融支持、知识产权保护和改善投资环境等，把促进服务外包产业发展作为推进产业结构调整、转变外贸发展方式、增加高校毕业生就业机会的重要途径。

除国家制定一系列政策、措施支持服务业和服务贸易的发展外，有关部门也制定了相应的政策、措施，推动服务贸易的发展。

(1) 政策体系日趋完善，促进平台建设取得实效

商务部会同有关部门制定了《服务贸易"十一五"发展规划纲要》《服务贸易"十二五"发展规划纲要》《商务部关于加强服务贸易工作的指导意见》等重要政策文件，在服务外包、技术贸易、会计、文化、中医药等服务贸易重点领域出台了一系列政策措施，服务贸易促进政策体系不断完善和深化。各地也加大了对服务业和服务贸易发展的政策支持力度，很多省（区、市）出台了加快发展服务业和服务贸易的政策文件，对服务贸易进行配套政策支持。

不仅如此，服务贸易促进平台建设也取得实效。

一是服务贸易交易平台进一步拓展。2007年、2009年、2011年，商务部成功举办了三届中国服务贸易大会，对促进服务贸易发展发挥了积极作用。在成功举办三届中国服务贸易大会的基础上，2012年商务部和北京市人民政府共同举办了首届中国（北京）国际服务贸易交易会（以下简称京交会）。作为世界上首个涵盖世界贸易组织规定的12大领域的综合型服务贸易展会，首届京交会吸引了来自82个国家和地区的客商到会，实现国际服务贸易成交额112亿美元，成果显著。之后，商务部还举办了数届中国（深圳）国际文化产业博览交易会、国际服务贸易（重庆）高峰会、中国（大连）国际软件和信息服务交易会、中国（香港）国际服务贸易洽谈会等展会。2011年，商务部联合科技部、国家知识产权局和上海市人民政府共同发起并组建了上海国际技术进出口促进中心，并联合举办上海国际技术进出口交易会。我国服务贸易领域逐步形成了覆盖面广、重点突出的会展格局，为服务贸易企业交易洽谈搭建了平台，创造了商机。

二是服务贸易领域的社会中介组织建设取得实质性进展。2007年，国务院批准成立中国服务贸易协会，商务部会同相关部门组成了中国服务贸易协会指导委员会。中国服务贸易协会在国际交流、文化贸易、电子商务等领域成立了专业委员会，促进重点领域服务贸易的发展。

三是服务贸易信息服务工作扎实推进。2006年，商务部设立中国服务贸易指南网，提供国内外服务贸易发展动态、政策法规、服务贸易专题研究、最新统计分析、企业数据库和市场供求等信息，成为服务贸易领域政府提供信息服务、促进国际交流、企业开展合作的重要平台。

(2) 管理机制更加健全

首先，确立了服务贸易发展工作的管理机制。2006年，商务部成立服务贸易司，专门负责牵头拟订服务贸易发展规划、促进服务出口规划与政策并组织实施，承担服务贸易促进和服务贸易统计工作，此外还负责拟订技术贸易政策和对技术进出口进行管理。2011年，商务部将服务贸易司更名为服务贸易和商贸服务业司，业务扩充到商贸服务业，进一步促进了内外贸的融合。

其次，建立了服务贸易发展工作的部际联系机制。2007年，商务部牵头会同发展改革委、财政部、文化部等34个部门建立了服务贸易跨部门联系机制。2010年，商务部会同中宣部、财政部、文化部等部门建立了文化出口重点企业和项目相关工作部际联系机制，进一步加强文化出口促进工作。

再次，强化了对地方服务贸易发展工作的指导和联系机制。2008年，商务部与上海市政府签署《关于共同推进上海市服务贸易发展的合作协议》，鼓励国家服务贸易政策在上海先行先试。同时，商务部指导上海市研究制定了《上海服务贸易中长期发展规划纲要》《关于促进上海服务贸易全面发展的实施意见》。此外，国家已认定北京、天津、上海等20个服务外包示范城市，并给予了多方面的政策支持。

最后，建立和完善了与国际组织、外国政府的工作联系机制。商务部与欧盟建立了服务贸易工作部门对话机制，与世界贸易组织、联合国贸易和发展会议、经济合作与发展组织等国际组织建立了工作联系，与德国、英国、爱尔兰、澳大利亚签署了关于双边服务贸易促进的谅解备忘录，并与新加坡商签服务贸易促进的相关协议。

（3）基础工作更加扎实

一是建立和完善服务贸易统计制度。2007年，商务部、国家统计局联合发布《国际服务贸易统计制度》。2010年，商务部、国家统计局联合修订《国际服务贸易统计制度》。2016年，商务部与国家统计局联合印发《国际服务贸易统计监测制度》，将国际服务贸易统计监测工作与国际标准对接。

二是服务贸易发展与促进的理论研究取得了长足进步，为服务贸易政策的制定提供了重要的参考。2006年以来，商务部牵头完成了大量的服务贸易发展理论和政策问题研究，内容涉及服务贸易和货物贸易协调发展、扩大服务贸易出口、服务贸易促进立法、服务贸易统计体系和服务贸易重点领域研究等；积极开展"服务贸易月报、快报、年度报告"、《服务贸易简报》《中国软件出口发展报告》等编撰工作；每年发布《中国服务贸易发展报告》（中英文版），全面分析我国服务贸易总体发展情况。

三是进一步加强服务贸易工作队伍建设。2006年以来，商务部组织落实"人才强商"工程，每年组织地方商务系统开展服务贸易综合知识、统计分析、重点领域服务出口扶持政策等方面的业务培训，提高了全国商务系统服务贸易工作人员的理论水平和业务工作能力。

四、《服务贸易总协定》的主要内容

（一）《服务贸易总协定》的产生与结构

1.《服务贸易总协定》的产生

近年来，世界服务贸易发展十分迅速，有的年份已超过货物贸易的发展速度。尤其是在发达国家,服务业在经济结构中已占据主导地位。发达国家在服务贸易上的竞争优势促使它们进行多边服务贸易谈判,以便在这一新的贸易领域尽快制定国际竞争规则;而发展中国家参与制定一个全面多边的服务贸易规则,有利于它们在其中体现自身利益,还有助于其利用这样的规则,预防发达国家在这一新的贸易领域对它们采取单方面的行动,或是防止在区域贸易安排中出现对自身不利的歧视性做法。此外,货物贸易经过多轮多边谈判,磋商空间日渐缩小,服务贸易则相反,缺少既定的国际游戏规则。在这一背景下,多边服务贸易谈判被提到了议事日程。

美国在 1982 年关贸总协定部长级会议上提出了进行服务贸易多边谈判的提议,但由于发达国家和发展中国家服务贸易的发展水平不同,对谈判有关问题争执不下,该提议未予采纳。1986 年 9 月,在发动乌拉圭回合多边贸易谈判的部长级会议上,各国做出相应的妥协,最终一致同意在新一轮多边谈判中就服务贸易举行谈判,并在发布的《乌拉圭回合部长宣言》的第二部分中明确表示,服务贸易谈判属于乌拉圭回合的组成部分,但它是独立于关贸总协定之外的一项重要议题。

1993 年 12 月 15 日,经各成员方的努力,乌拉圭回合谈判终于达成了服务贸易总协定。1994 年 4 月 15 日,在摩洛哥的马拉喀什由 111 个国家和地区的代表正式签署《服务贸易总协定》,并规定其于 1995 年 1 月 1 日生效。这标志着全球第一套有关国际服务贸易的、具有法律效力的多边国际服务贸易规范体系正式建立了起来。

2.《服务贸易总协定》的结构

《服务贸易总协定》由以下 3 个主要部分组成:

(1)适用于所有成员的基本义务的框架协定,即《服务贸易总协定》条款。

(2)《服务贸易总协定》涉及各服务部门的特定问题和供应方式的附件,以及第 2 条"豁免"的附件。

(3)根据《服务贸易总协定》第 20 条的规定应附在《服务贸易总协定》之后,并成为《服务贸易总协定》重要组成部分的具体承诺表。

(二)《服务贸易总协定》主要内容

1.《服务贸易总协定》的宗旨与目标

《服务贸易总协定》序言说明了缔结该协定的宗旨、目标和总原则。具体表现在:

(1)谈判各方希望在透明度和逐步自由化的条件下,建立一个有关服务贸易的原则和规则的多边框架,以促进贸易各方的经济增长和发展中国家的经济与社会发展。

(2)在尊重各国政策目标的前提下,本着在互利的基础上提高各参与方利益的目的和确保各方的权利和义务,希望能通过多轮多边谈判以促进服务贸易自由化的早日实现。

(3)促进发展中国家在国际服务贸易中的更多参与和服务出口的增长。

（4）对最不发达国家在经济、发展、贸易和财政需求方面的特殊困难予以充分的考虑。

2.《服务贸易总协定》的范围与定义

《服务贸易总协定》适用于各成员影响服务贸易的各种措施，适用于"服务部门参考清单"所列12种服务部门的服务贸易，既涉及私有企业，也涉及政府所有（或控制）的公司，前提是这些部门的服务业是基于商业目的。

《服务贸易总协定》规定国际服务贸易具体包括以下四种"提供方式"：

（1）"跨境提供"，即从一缔约方境内向境外任何缔约方提供服务。如通过视、听等为对方提供服务；远洋运输、国航运输等，一家航空公司可以飞越国境为另一成员的居民提供服务，这是典型的跨国界可贸易性服务，特点是服务提供者和消费者分处不同国家，是国际服务贸易的基本形式。

（2）"境外消费"，即在一缔约方境内向任何其他缔约方的服务消费者提供服务。如涉外旅游服务，为外国病人提供医疗服务等。

（3）以"商业存在"方式提供服务，即一缔约方在其他缔约方境内通过商业存在提供服务，即服务提供者在外国建立商业机构为消费者服务。例如，一缔约方在其他缔约方开设百货公司、银行、保险公司、运输公司、咨询公司、律师或会计事务所、饭店、宾馆等。这种服务贸易往往与对外直接投资联系在一起。

（4）以"自然人流动"方式提供服务，即一缔约方的自然人在其他任何缔约方境内提供服务。如歌唱家等文艺工作者到其他国家或地区去演出等。

3.《服务贸易总协定》的普遍义务与原则

这是《服务贸易总协定》的核心部分之一，包括从第2条到第15条共14条内容，规定了各成员必须遵守的普遍义务与原则，本部分条款是各方一旦签约就须普遍遵守的。

（1）最惠国待遇

最惠国待遇义务普遍适用于所有的服务部门，要求每一成员给予另一成员的服务或服务提供者的待遇，应立即无条件地以同样的待遇方式给予任何其他成员方相同的服务或服务提供者。但《服务贸易总协定》同时规定一个成员可以在10年的过渡期内维持与最惠国待遇不符的措施，但要将这些措施列入一个例外清单。

（2）透明度

《服务贸易总协定》要求各成员方政府必须公布所有与服务贸易有关的法律和规定，无论是由中央或地方政府做出的，还是由政府授权的非政府组织做出的，除非在紧急情况下，都应最迟在它们生效前予以公布；任何成员方也必须公布其已参加的所有影响服务贸易的其他国际协定。

《服务贸易总协定》要求每一个成员必须在WTO成立后两年内（即1997年底前）

在政府机构中建立一个或多个服务业政策的咨询点，其他成员的企业和政府便可利用这些咨询点获得有关任何服务部门的法律法规信息。此外，对于已做出具体承诺的服务部门所适用的法律法规，各国政府还必须将任何的变动情况通知 WTO。

（3）发展中国家的更多参与

此条款包括三层含义：

①有关成员应做出具体承诺以促进发展中国家国内服务能力、效率和竞争性的增强；促进其对技术的有关信息的获取；增加其产品在市场准入方面的自由度。

②发达国家应在《服务贸易总协定》生效后的两年内建立"联系点"，以使发展中国家的服务提供者更易获取有关服务供给的商业和技术方面的信息，有关登记、认可和获取专业认证方面的信息，服务技术的供给方面的信息。

③对最不发达国家予以特殊优惠，准许这些国家不必做出具体的开放服务市场方面的承诺，直到其国内服务业具有竞争力。

（4）经济一体化

此条款主要内容是不应阻止各成员参加有关服务一体化协议，但不能阻碍服务贸易自由化的推进；对发展中国家之间的有关协议采取较为灵活的政策，允许其按发展水平达成某些协议；参加有关协议的各方对该协议以外的成员不应采取提高壁垒的措施；任何成员决定加入某一协议或对某一协议决定进行重大修改时，都应迅速通过各成员，而各成员可组成工作组对其进行检查；如果某一成员认为某个协议损害了自己的利益，则可通过贸易争端机制解决。

（5）尊重国内法，但要考虑其他成员方利益

一方面，尊重各成员方的国内规定，赋予各国以一定的权利。其中包括当局引进新规定以管理服务的权利，并对发展中国家做出优待安排，准许发展中国家设立新的规定，在某些部门为了实现国家政策目标而采取垄断性授权；允许各成员对服务和服务的提供者提出要求以使其满足某些规定，但这类要求必须是建立在合理、客观和非歧视的基础之上，不能给国际服务贸易带来负担和阻碍。另一方面，对各成员当局提出了一些义务要求。如要求各方建立起司法、仲裁和管理机构的程序，以便对服务消费者的要求迅速做出反应；要求各成员对服务提供者的授权申请迅速做出决定，不得拖延；当两个成员的有关规定发生了抵触时，双方协商解决；成员不应利用限制措施来阻碍《服务贸易总协定》的执行；等等。

（6）相互认可

一成员可以与其他成员就某些有关服务提供的准则达成协议以促进国际服务贸易的进行。而这些协议应该可以允许别的成员加入，其执行也应建立在合理、客观和公正的基础上。另外，协议的参加方应在协议生效之后的 12 个月之内就其协议内容通知各成员，并允许别国加入，而有关协议的任何重大修改也应及时通知各成员。

4. 具体承诺

市场准入。《服务贸易总协定》规定：当一成员方承担对某个具体部门的市场准入义务时，它给予其他成员方的服务和服务提供者的待遇应不低于其在具体义务承诺表中所承诺的待遇，包括期限和其他限制条件。若在一成员的具体义务承诺表上给出了不止一种的有关服务提供的准入途径，那么别的成员的服务提供者可以自由选择其所乐意的那一种。该条款要求在承担市场准入义务的部门中原则上不能采取数量限制的措施阻碍服务贸易的发展。

国民待遇。《服务贸易总协定》中的国民待遇不是适用于所有部门的，而是只针对每一成员方在承担义务的计划表中所列的部门。在《服务贸易总协定》中，每个行业规定的国民待遇条款不尽相同，而且一般要通过谈判才能享受，所以各国在谈判中给予其他成员方国民待遇时，都有附加条件。

根据规定，每一成员方应在其承担义务的计划表所列的部门或分部门中，根据该表所述条件与资格，给予其他成员方的服务和服务提供者以不低于本国相同服务和服务提供者所得待遇。

上述具体承诺中的市场准入和国民待遇条款是《服务贸易总协定》中的重要条款，是各方争论的焦点。《服务贸易总协定》在结构上的一个重要特征就是将市场准入和国民待遇不是作为普遍义务，而是作为具体承诺与各个部门或分部门开放联系在一起，这样可以使分歧较小的部门早日达成协议。发展中国家在谈判中应以"发展中国家的更多参与"这一原则作为先决条件，并且发展中国家可以把互惠不局限在发达国家占优势的部门，可以谋求部门间的妥协来获取在自己较愿意开放的部门中达成有利的协议。

第五章 经济全球化与国际服务贸易

经济全球化是当今世界经济发展的主要特征和发展趋势，而作为国际贸易的重要组成部分的国际服务贸易，在经济全球化过程中也起着重要作用，是全球经济发展的主要增长点。本章主要介绍区域经济一体化的含义、形式，第二次世界大战后国际资本移动的特点、跨国公司的发展，以及国际服务贸易和技术贸易的内容，分析区域经济一体化、国际资本移动、跨国公司对国际贸易发展的影响。

第一节 区域经济一体化

一、区域经济一体化的形式

（一）经济一体化的含义

从含义上讲，经济一体化有广义和狭义之分。广义的经济一体化，即世界经济一体化，或称国际经济一体化，是指各国国民经济之间彼此相互开放、取消歧视，形成一个相互联系、相互依赖的有机整体。狭义的经济一体化，即区域经济一体化或地区经济一体化，指区域内两个或两个以上的国家或地区，在一个由各国政府授权组成的并具有某种超国家性质的共同机构协调下，通过制定统一的经济贸易政策，减少和消除国别间阻碍经济贸易发展的壁垒，实现区域内共同协调发展和资源优化配置，以促进经济贸易发展，并最终形成一个经济贸易高度协调统一的整体。区域经济一体化是一个动态发展、变化的过程。

（二）区域经济一体化的主要形式

1. 按照区域经济一体化的发展程度划分

（1）优惠贸易安排。优惠贸易安排是一种较低级和松散的区域经济一体化形式，在实行优惠贸易安排的成员国之间，通过协定或其他形式对全部商品或部分商品规定特别的关税优惠待遇。

（2）自由贸易区。根据《关税贸易总协定》第 24 条"关税同盟和自由贸易区"第

8项规定，自由贸易区应理解为由两个或两个以上的关税领土所组成的，对原产于这些组成领土的产品的贸易，已实质上取消关税或其他贸易限制的集团。自由贸易区有两个特点：一方面，在该集团内成员相互之间取消关税或其他贸易限制；另一方面，各个成员又各自独立地保留自己的对外贸易政策，尤其是关税政策，所以有人把自由贸易区称为"半关税同盟"。

（3）关税同盟。根据《关税贸易总协定》第24条"关税同盟和自由贸易区"第8项规定，关税同盟应理解为以一个单独关税领土代替两个或两个以上的关税领土。关税同盟比自由贸易区更进一步，区内成员实质上取消关税或其他贸易限制，实现区域内货物的完全自由移动，并对非同盟国实行统一的关税税率。

（4）共同市场。共同市场指由两个或两个以上的国家完全取消关税，建立对非成员国的统一关税，在实现货物自由移动的同时，还实现生产要素之间的自由移动。如20世纪70年代的欧洲共同市场。

（5）经济同盟。实行经济同盟的国家不仅实现货物、生产要素的自由移动，建立共同对外的关税，并且制定和执行统一对外的某些共同的经济与社会政策，逐步废除经济贸易政策方面的差异，使一体化的范围从商品交换扩大到生产、分配乃至整个国民经济，形成一个有机的经济实体。经济同盟阶段的区域经济组织必须设有一个超国家机构，通过其管理，使各成员国对其有关权力做出让度。欧洲联盟即属此类，这是目前最高层次的区域经济一体化组织。

（6）完全经济一体化。完全经济一体化是最高层次的经济一体化形式。在此阶段，区域内各国在经济、财政与金融、贸易等政策方面均完全协调一致，实行统一的经济政策。欧洲联盟的最终目标便是达到这种境界。

上述六种形式，依次反映了经济一体化的逐级深化，但一体化的不同层次并不意味着不同的一体化集团必然从现有形式向较高形式发展和过渡。

2. 按实现区域经济一体化的范围划分

（1）部门经济一体化。部门经济一体化是指区域内各成员国间的一个或几个部门（或商品）纳入一体化的范畴，实现局部经济部门中的协调一致。如二十世纪五十年代成立的欧洲原子能共同体、欧洲煤钢共同体等。

（2）综合经济一体化。综合经济一体化是指区域成员国间的所有经济部门均纳入一体化的范畴之内。例如欧洲联盟内的区域经济合作便是涉及几乎所有经济部门。

3. 按参加国家或地区的经济发展水平划分

（1）水平经济一体化。水平经济一体化是由经济发展水平大致相同或接近的国家共同组成的经济一体化。如拉美自由贸易协会、东南亚经济同盟等。

（2）垂直经济一体化。垂直经济一体化是指经济发展水平、发展阶段不同的国家与区域间所组成的经济一体化。如北美自由贸易区，其中美国和加拿大是经济发达国家,而墨西哥的经济发展水平较低,属于发展中国家,这两种类型国家的经济发展水平、实力、阶段均存在较大差异。

二、区域经济一体化的发展

(一)区域经济一体化的发展概况

区域经济一体化的发展雏形可以追溯到1921年,比利时和卢森堡结成经济同盟,后来荷兰加入,形成了卢比荷三国经济同盟。但是区域经济一体化的第一次发展高潮始于20世纪50年代,最初发展主要局限于欧洲,一体化程度也较低。随着欧洲经济共同体和欧洲自由贸易联盟的成功,引发了世界上其他地区的效仿,推动了20世纪60年代区域经济一体化的快速发展,尤其是在非洲和拉丁美洲的发展中国家出现了一批区域经济一体化组织。20世纪80年代中期以来,区域经济一体化进入了一个新的发展时期,出现了海湾阿拉伯国家合作委员会、南亚区域合作联盟、亚太经济合作组织等。进入20世纪90年代后,区域经济一体化发展到一个新阶段,这一时期不但一体化组织的数量增多,还表现出一体化组织的规模扩大和程度加深。如欧洲经济共同体在统一市场建成的基础上向经济货币联盟迈进,并更名为欧洲联盟,成员国现扩大为27国。同时美国和加拿大正式建立起自由贸易区,并通过纳入墨西哥而组建北美自由贸易区。同时,东南亚国家联盟扩大为10个国家,并向建成自由贸易区切实推进。

20世纪90年代以后,区域经济一体化的发展还突破了只在经济水平相近的国家间形成一体化组织的传统做法,出现了由经济发展水平悬殊的发达国家与发展中国家共同组建区域经济一体化组织的新趋势。而且,区域经济一体化组织之间出现了跨洲合作的新现象,如亚欧之间的合作已向深层次、多领域发展。21世纪以来,跨区域、跨洲的经济合作得到了进一步发展,区域经济合作的空间不断扩大。

(二)主要区域经济一体化组织的发展

1. 欧洲联盟

欧洲联盟(简称欧盟EU)是当今世界一体化程度最高的区域政治、经济集团组织。欧盟的前身是"欧洲共同体",简称欧共体(EC)。1951年,法国、联邦德国、意大利、荷兰、比利时、卢森堡在巴黎签署了《欧洲煤钢共同体条约》。1857年,上述六国在罗马签署了《欧洲经济共同体条约》和《欧洲原子能共同体条约》,统称《罗马条约》。1958年,欧洲经济共同体和欧洲原子能共同体宣告成立。1965年,上述六国在布鲁塞尔达成协议,将以上三个共同体合并,统称"欧洲共同体"。为了推动欧洲一体化建设,1986年,欧洲共同体各成员国政府首脑在卢森堡签署了旨在建立欧洲统一大市场的《欧洲单一文件》。1991年,欧共体政府间会议在荷兰的马斯特里赫特签订了旨在使欧洲一体化向纵深发展和成立政治及经济货币联盟的《欧洲联盟条约》,也称《马斯特里赫特条约》。1993年,该条约获得所有成员国批准并生效,欧洲联盟正式成立。

1999年1月1日,欧洲单一货币——欧元诞生,从而使欧洲经济一体化建设植根于欧盟各成员国的肌体之中。经过几十年的规划和发展,欧盟在经济建设领域取得了巨大成就,已经成为目前世界上生产国际化、经济贸易一体化程度最高、影响最大的一体化组织。

2. 北美自由贸易区

北美自由贸易区由美国、加拿大和墨西哥三国组成。最初在美国的积极活动和推动下,美、加两国于1989年1月1日签订《美加自由贸易协定》。其后,美、加、墨三国政府首脑于1992年8月12日签署了《北美自由贸易协定》,成为美洲经济一体化的一个重要里程碑。该协定于1994年1月1日正式生效。北美自由贸易区的建立是发达国家和发展中国家在区域经济合作组织内实行垂直型国际分工的一种新尝试,同时也是南北合作的一种新尝试。

1994年12月,美洲34国领导人在美国迈阿密举行第一届美洲国家首脑会议。同时,在这次首脑会议上,在美国的倡导下,与会成员国还一致商定要以北美自由贸易区为基础,逐步向南扩展,以便最终于2005年正式组建西半球自由贸易区,即美洲自由贸易区。为此,各国首脑还签署了《原则宣言》和《行动计划》。进入2002年之后,北美自由贸易区在向中美洲和南美洲的扩展中取得一定的进展,如美国与中美洲国家贸易协议谈判进程加快,帮助阿根廷、巴西和乌拉圭缓和金融危机等。

3. 亚太经济合作组织

亚太经济合作组织成立于1989年。1989年1月,澳大利亚总理霍克访问韩国时提出"汉城倡议",建议召开亚太国家部长级会议,以讨论加强经济合作问题。经与有关国家磋商,1989年11月6日至7日,澳大利亚、美国、加拿大、日本、韩国、新西兰和东盟六国在澳大利亚首都堪培拉举行了首届亚太经济合作组织部长级会议,标志着亚太经济合作组织正式成立。1991年,中国以主权国家身份,中国台北和香港以区域经济体名义正式加入了亚太经济合作组织。

1993年1月1日,亚太经济合作组织秘书处在新加坡正式建立。1993年11月,亚太经济合作组织第一次领导人非正式会议在美国西雅图举行,高官会议、部长级会议、首脑会议三个层次的决策机制得以形成。这次会议成为了亚太经济合作组织发展进程中的一个里程碑。同年,墨西哥、巴布亚新几内亚、智利加入组织。

1994年11月,亚太经济合作组织在印尼茂物举行了第六届部长级会议和第二次国家首脑非正式会议,发表了《茂物宣言》,确定了发达国家在2010年前,发展中国家在2020年前实现区域内贸易和投资自由化的构想;各国一致同意在人力资源、基础设施建设、科学与技术、环境保护、中小企业发展和公共部门的参与等方面加强合作。1995年11月的大阪会议,亚太经济合作组织成员方通过了《大阪宣言》和《行动议程》,

提出了九大原则作为实现贸易与投资自由化的基础，以便实现长远目标。亚太经济合作组织当时的18个成员国（或地区）都做出了加快合作进程的承诺。大阪《行动议程》的通过和实施，标志着亚太经济合作组织由摇摆阶段进入务实行动阶段。

亚太经济合作组织目前共有21个成员，分别是澳大利亚、文莱、加拿大、智利、秘鲁、墨西哥、美国、俄罗斯、新西兰、韩国、日本、中国、中国台北、中国香港、马来西亚、新加坡、菲律宾、印度尼西亚、泰国、巴布亚新几内亚和越南。

三、区域经济一体化对国际贸易的影响

区域经济一体化是世界政治、经济发展的必然产物，对世界经济贸易有着较大的影响，主要表现如下。

（一）有利于区域经济一体化组织内部贸易的发展

一般的经济一体化组织成员国之间通过削减关税或免除关税、取消贸易的数量限制、削减非关税壁垒，形成区域性的统一市场，使组织内成员国之间拥有良好的贸易环境，从而促进了区域内成员国之间的贸易迅速增长，组织内部贸易在成员国对外贸易总额中的比重明显提高。如20世纪50年代至70年代，欧共体内部贸易额占成员国贸易总额的比重从30%提高到50%。如今欧盟内部交易额占到成员国总贸易额的2/3，也就是说欧盟的进出口贸易中有60%以上是在内部完成的，向美国出口还不到10%。

（二）有利于成员国贸易地位的提高

区域经济一体化组织的建立，在推进成员国经济发展的同时，使得成员国在国际上的贸易地位也有所提高。在一些国际谈判中，成员国可以以一体化组织的名义联合起来进行谈判。如在关贸总协定的多边贸易谈判中，欧共体以统一的声音同其他国家或地区谈判，不仅大大增强了自己的谈判实力，也敢于同任何一个大国或贸易集团抗衡，既维护自己的贸易利益，也提高了一体化组织在国际上的贸易地位。

（三）改变了国际贸易的格局

区域经济一体化组织内部贸易自由化，取消各种贸易壁垒，但组织外部无论是进口还是出口都存在着各种贸易壁垒，因而组织内部的贸易远远多于与非成员国之间的贸易，导致了世界贸易格局的改变。如拉美地区，在20世纪60年代拉美国家之间的往来非常少，对外贸易主要是同美国进行的，但自成立区域经济一体化组织后，组织内贸易发展很快。

（四）对一体化组织外的国家产生了一定的消极影响

第一，由于一体化组织内部成员国间的优惠并不给予非成员国，从而使成员国同非成员国间的贸易额减少，表现出排他性的特征。如欧共体对美贸易占其总贸易额的

比重从1958年的11.4%降至1982年的8.6%,对发展中国家的贸易份额下降更快,从30.3%下降到20.4%。

第二,一体化组织对发展中国家出口及利用外资极其不利。由于区域经济一体化组织在内部实行贸易自由化的同时,仍保留对域外国家的贸易壁垒,使发展中国家产品进入发达国家组成的经济贸易集团内部与享受优惠的成员国产品进行竞争更加困难,因而对发展中国家扩大出口造成障碍。

第三,国际资本会流向北美及欧洲、亚太一些发达国家,以减少这些区域经济一体化可能造成的消极影响,使发展中国家所需的资本更难以引进,从而阻碍了发展中国家经济贸易的发展。

第二节 国际资本移动

一、国际资本移动的主要形式

(一)国际资本移动的含义

国际资本移动也称国际资本流动,是指在一定时期内,各种资本在国际流动的总和。它包括国际直接投资和国际接投资两大部分。

(二)国际资本移动的形式

1. 按国际资本移动的期限(时间)长短划分

(1)短期资本移动。

短期资本移动指投资期限在1年以下的国际资本移动。

(2)中长期资本移动。

中长期资本移动指投资期限在1年以上的国际资本移动。有时将投资期限在1~3年的称为中期资本移动,3年以上的则称为长期资本移动。

2. 按国际资本移动主体的不同划分

(1)私人国际资本移动。

私人国际资本移动包括私营企业、跨国公司的投资和国际商业银行、国际银团组织的贷款。

(2)政府贷款。

政府贷款指一国政府对其他国家的政府贷款,具有一定的国际经济援助的性质。

(3)国际金融组织贷款。

国际金融组织贷款包括世界性的和区域性的两种国际金融组织贷款。国际金融组织贷款一般都具有优惠性。

3. 按投资方式划分

（1）对外直接投资。对外直接投资是指一个国家的投资者输出生产资本到另一个国家的厂矿企业进行投资，并由投资者直接参与该厂矿企业的生产经营和管理。

对外直接投资主要分为以下五种形式：

①举办独资企业。即投入的资本完全由一国的投资者提供，外资股份为100%；可以通过建立新企业或全资收购现有企业来进行。

②举办合资企业。即根据投资所在国法律，通过与该国企业签订合同，共同出资组建一家企业；按一定股权比例共同出资、共同管理、分享利润、共担风险。

③举办合作企业。即与投资所在国的企业通过投资进行合作经营；与合资企业的主要区别在于签约各方可不按出资比例，而按合同条款的规定，确定出资方式、组织形式、利润分配、风险分担和债务清偿等权利和义务。

④收买外国企业的股权达到一定比例。这个比例，不同国家有不同的规定。按国际货币基金组织的规定，拥有25%投票权的股东，即可视为拥有直接控制权，这种投资就是直接投资；美国规定为10%或以上。

⑤投资所得利润的再投资。投资者在国外直接投资所得的利润不汇回本国，而是再投资于该企业。

（2）对外间接投资。对外间接投资是指一个国家的投资者以取得利息或股息、分得红利等形式的资本增值为目的，以被投资国的证券为主要对象的投资，其特点是投资者不直接参与所投资企业的经营和管理。对外间接投资包括证券投资和贷款。

①证券投资。证券投资是指投资者在国外市场上购买外国企业和政府的中长期债券，或在股票市场上购买外国上市企业股票的一种投资活动。由于属于间接投资，证券投资者一般只能取得债券、股票的股息和红利，对所投资企业并无经营和管理的直接控制权。

②国际贷款。国际贷款种类很多，有国际金融组织贷款、政府贷款、国际商业银行贷款、国际银团贷款、出口信贷、混合贷款等。

A. 政府援助贷款

政府援助贷款是指各国政府或政府机构之间的借贷活动。这种贷款通常带有援助性质，一般是发达国家对发展中国家或地区提供的贷款。其特点是一般利息较低，有时甚至是无息贷款，还款期较长，可达20~30年。

B. 国际金融机构贷款

国际金融机构包括国际货币基金组织、国际金融公司、世界银行、各洲的开发银行和联合国的援助机构等。国际金融机构的贷款条件一般比较优惠，但贷款控制比较严格、手续繁琐、程序复杂。

C. 国际金融市场贷款

国际金融市场分为货币市场和资本市场。前者是经营短期（1年以内）资本借贷的市场，后者是经营长期（1年以上）资本借贷的市场。国际金融市场贷款的特点是利率较高，但可用于借款国任何需要，对贷款的用途没有限定，比较自由。

D. 出口信贷

出口信贷是指一个国家为了鼓励商品出口，提高商品的竞争能力，通过本国银行对本国出口厂商或国外进口厂商或进口方的银行所提供的贷款。这种信贷方式是当前比较流行的用来鼓励商品出口的政策措施。

对外直接投资与对外间接投资的主要区别有：①对外直接投资的投资者对所投资企业具有有效控制权，而间接投资的投资者则无控制权。依国际货币基金组织的解释，这种有效控制权是指投资者拥有所投资企业一定数量的股份，因而能行使表决权，并在企业的经营决策和管理中享有表决权。如果没有这种股权参与，即使能通过其他途径或方法对企业产生影响，也并不构成对企业经营管理的有效控制。②对外间接投资的收益是相对固定的，而大部分对外直接投资的收益是不确定的，是变动的，随投资企业的经营状况而变化。③对外直接投资的风险要比对外间接投资的风险大。

二、第二次世界大战后国际资本移动的特点与原因

（一）第二次世界大战后国际资本移动的特点

1. 对外直接投资迅速发展并占主导地位，投资规模扩大

第二次世界大战前，国际资本移动中对外间接投资占主导地位，占整个国际资本移动的90%左右。第二次世界大战后，特别是20世纪80年代以来，对外直接投资的发展速度大大加快，1986—1990年间增长速度达27.1%，1991—1995年间对外直接投资的增长速度为15.1%。据联合国贸发会议报告，2019年全球对外直接对外投资总额达1.54万亿美元。主要工业发达国家国际资本流动的75%是对外直接投资。

2. 对外直接投资逐年上升后，近几年又呈下降趋势

20世纪90年代，对外直接投资逐年递增，但到2000年到达峰顶后，随着疲软的经济环境中企业投资不断减速、股价持续下跌以及一些行业活动调整放缓，全球对外直接投资逐年下降。对外直接投资总体下跌是与跨国并购剧减密不可分的。全世界并购数目2000年高达7894宗，2002年狂减至4493宗。2000年每宗并购交易的平均金额为1.45亿美元，2002年惨跌至8200万美元。2000年共有175宗10亿美元以上的并购交易，而2002年只有81宗，这是1998年以来最低的一年。近几年，受新冠肺炎疫情影响，经济严重下行，对外直接投资也受到剧烈冲击。

3. 国际资本移动的国别地区流向发生了较大变化

第二次世界大战后到 20 世纪 60 年代，国际资本移动是呈单向发展的，主要是从西方发达资本主义国家流向发展中国家和一些前属领地。20 世纪 60 年代末以来，国际资本移动逐步发展成为西方发达国家相互间的对流型移动，并且发达国家间的双向投资比重仍在继续提高。这些国际资本移动主要集中在欧盟、北美自由贸易区和以日本为中心的经济大三角之间，这些国家相互间的投资就占其对外投资总额的 70% 以上，而且有逐渐提高的趋势。如美国对发达国家直接投资累计额由 57.1 亿美元增至 3121.9 亿美元，增长了 53.7 倍，而对发展中国家和地区的直接投资由 57.7 亿美元增至 1067.2 亿美元，增长了 17.4 倍。另外，流入发展中国家和地区的国际资本越来越集中在少数新兴工业化国家和地区，特别是国际金融条件较好、经济增长速度较快、国内政治环境又相对稳定的国家和地区，如中国、新加坡、韩国等。亚太地区的新兴工业化国家与地区吸收发达国家的对外直接投资占发达国家对发展中国家和地区对外直接投资的 70% 左右。其中，日本对亚洲的新加坡、韩国、我国台湾和香港地区、泰国、印度尼西亚、马来西亚等的对外直接投资增长速度较为迅速。

4. 国际资本移动的部门结构向服务业、高新技术产业转移

第二次世界大战前，国际资本移动主要是发达国家流向落后国家，集中在采掘业和运输业及少量制造业的投资。第二次世界大战后初期，国际资本主要流向采掘业和公共事业。20 世纪 60 年代中期以来，国际资本移动逐步转向制造业、商业、金融、保险业、运输等行业，尤其是银行和其他金融服务，是外资增长最快的行业。

5. 新兴工业化国家和地区对外资本移动持续稳定发展

20 世纪 60 年代后期以来，一些发展中国家和地区通过积极有效地引进外资和先进技术，大力发展经济贸易，使本国或本地区经济实力大大增强，也从资本的输入国转变为资本的输出国。20 世纪 70 年代中期以来，新兴工业化国家与地区的对外投资便显示出强大的增长势头，如亚洲"四小龙"和巴西、阿根廷、墨西哥、印尼等国家和地区的对外直接投资发展速度较快。发展中国家和地区 20 世纪 60 年代中期对外投资仅 15 亿美元，70 年代迅速增至 100 多亿美元。发展中国家对外直接投资占全球直接投资的比重，1980—1984 年为 5%，1990—1994 年上升到 10%，1996 年达 510 亿美元，比 1995 年增长 54%，占当年世界直接投资总额 3490 亿美元的 14.6%。到 2005 年，这个比重占到 15.1% 左右。当然，发展中国家对外直接投资仍主要流向发展中国家和地区，流向发达国家的比重则较小。

（二）第二次世界大战后国际资本移动的原因

1. 生产国际化、经济一体化促进了国际资本的移动

这是第二次世界大战后国际资本移动，特别是对外直接投资迅速增长的客观基础。

由于生产的国际化发展，各国在生产过程中实现专业化协作，使国与国间的投资成为可能。经济一体化组织的资本等生产要素的自由移动，是各种一体化组织向前发展的必要条件之一。反过来，一体化组织的不断发展也促进了国际资本的移动。

2. 科学技术的迅速发展和新技术革命的兴起加速了国际资本的移动

科学技术的进步引起世界各国产业结构的变动和调整，突出表现在发达国家把劳动力密集型的传统产业向发展中国家转移，与此同时带动了对这些劳动力密集型产业部门的资本输出和输入。西方发达国家科学技术发展的不平衡也导致相互间资本的渗透。第二次世界大战后，美国在重化工业中的部分优势逐渐丧失，如轻工、船舶、化学工业等部门，欧共体和日本在这些部门具有一定技术优势，从而转向美国的这些产业部门进行投资。因此，技术差距的存在也成为发达国家之间及发达国家与发展中国家间对外直接投资的原因之一。

3. 国际市场竞争加剧、贸易保护主义盛行刺激了对外直接投资的迅速增长

第二次世界大战后，由于资本主义经济较快发展，本国商品相对过剩，各国争夺国际商品市场，贸易摩擦不断出现，贸易保护主义盛行。特别是 20 世纪 70 年代中期以来，以非关税壁垒为主的新贸易保护主义泛滥，各国纷纷采取贸易保护的政策，特别是保护本国国内市场，导致贸易摩擦进一步加剧。而对外直接投资能使商品销售绕开及回避贸易对手设置的贸易壁垒。通过对外直接投资，投资商可以提高在当地生产的比重，占据对方市场，同时可以减缓贸易摩擦。

4. 跨国公司的发展是国际资本移动不断发展的必要条件

第二次世界大战后，跨国公司得以迅速发展，大量的对外直接投资就通过跨国公司来完成转移。反过来，资本的大量对外转移也促进了跨国公司的迅速发展。跨国银行通过在国外的分支机构或国际联合银行等形式，来经营国际性金融投资业务，不但可以分散独家银行从事大规模国际借贷活动的风险，而且在较大程度上扩大了国际资本转移的规模和活动范围，大大促进了国际资本转移。

5. 发展中国家和地区经济实力的增强促进了这些国家和地区对外直接投资的增加

20 世纪 70 年代以来，许多发展中国家和地区的工业化水平迅速提高，经济实力得以增强，产业结构也趋于高级化。这些国家和地区在一定程度上具备了参加国际投资活动的资本和技术能力，它们努力寻求国际分工中的比较优势，加强对其他较之相对落后的发展中国家和地区的直接投资，促进了资本移动。

三、国际资本移动对国际贸易的影响

国际贸易中的资本移动与商品移动是不同的，由于资本移动对生产国际化和各国的专业化协作有一定影响，从而对国际分工产生深远的影响，不可避免地对国际贸易

的各个方面产生影响。

（一）国际资本移动促进了战后国际贸易的发展

国际资本移动本身会直接或间接地带动商品的进出口。第二次世界大战结束不久，美国政府便开始向西欧和日本进行国家资本输出。美国进出口银行的贷款政策规定，所得贷款必须全部用于购买美国商品，而且货物须由美国船只装运，由美国保险公司保险。

第二次世界大战后，发达国家给予其他国家主要是发展中国家的巨额官方或私人出口信贷，成为扩大发达国家大型成套机器设备出口的重要手段；发达国家的跨国公司通过建立独资、合资企业以及各种非股权安排，来保证原料长期稳定的供应，促进了初级产品的生产与贸易。

资本输出国在减少了资本输出部门国内生产的同时，会发展起新的效率更高的部门，而资本输入国也会因资本输入而提高其生产能力和收入，最终双方的进出口能力都会因资本移动而得到提高。

（二）国际资本移动对国际贸易格局的影响

第二次世界大战后，国际贸易70%以上是在发达国家之间进行的。之所以如此，一方面是因为发达国家经济发展水平相似，生产、消费结构呈同步化；另一方面则与企业的直接投资行为密切相关，发达国家集中了企业对外直接投资的75%以上，这种直接投资的地区格局致使发达国家间的分工与协作不断加强，促进了它们之间贸易的发展。

第二次世界大战后，虽然发达国家对发展中国家的直接投资在对外直接投资总额中的比重不断降低（20世纪90年代后有所变化），但绝对额仍在增加，再加之新兴工业化国家资本的注入促进了发展中国家工业的发展，在带动发达国家资本设备出口的同时，扩大了发展中国家工业制成品的出口，加强了发展中国家同发达国家及发展中国家间的贸易关系。

第二次世界大战后，随着资本输出的主要部门由初级产品部门转向制造业和服务业部门，工业制成品贸易和服务贸易在国际贸易中的份额就日益上升，而初级产品的比重则不断下降。与此同时，中间产品的比重持续增长，这在一定程度上与跨国企业的经营方式有关。跨国企业是从全球角度依照各地的具体条件进行资源配置的；其经营方式为内部企业间分工协作，定点生产、定点装配、定向销售，这样便出现了大量零部件在国家间的往返运输，由此增加了中间产品的贸易比重。

（三）国际资本移动加剧了国际贸易中的竞争和垄断

国际资本移动，特别是对外直接投资作为企业争夺国外市场的手段具有以下几个有利因素。

（1）便于搜集商业信息情报。投资企业可利用自身的优势及时、准确地搜集当地市场的商业信息，并与其他地区建成信息网络。这对企业根据市场状况适时地调整生产，改进产品的销售都是极其有利的。

（2）增强产品的竞争能力。通过对外直接投资，投资企业就地生产、就地或邻近地区销售可以减少产品的运输成本和保险、保管等其他费用，并且可利用当地各种廉价的资源以降低产品成本，提高产品的价格竞争能力。

（3）争夺市场份额。发达国家企业通常利用技术上的优势，通过对外直接投资的方式在国外设立企业，使用自己的专利和专有技术生产产品，在其他企业仿造或制造类似产品以前抢占当地市场，从而获得生产和销售该产品的垄断权。目前，发达国家双向投资的一个共同目标就是占领当地高技术产业市场，获得东道国的高新技术，提高企业自身的国际竞争能力。

（4）避免保护主义的贸易壁垒。随着发达国家间贸易摩擦的加剧，对外直接投资日益成为绕开贸易壁垒、占领对方市场的主要手段。通过在东道国投资设厂，投资企业就可以与东道国企业在同样的条件下竞争，实现当地生产、当地销售。此外，由于区域经济一体化的发展，贸易集团内部具有许多域外非成员国不能享受的优惠，通过对外直接投资在当地设厂，就可以享受到这些优惠。

（四）国际资本移动使国际贸易方式多样化

传统的国际贸易主要由专业性进出口公司来经营。第二次世界大战后，在国际资本移动中，随着跨国公司的对外投资迅速增加及其内部贸易的不断上升，跨国公司纷纷在海外设置自己的贸易机构或建立以贸易为主的子公司，经营进出口业务。这与传统贸易相比，贸易中间商、代理商的地位相对下降。与此同时，资本移动还产生了一系列新的贸易方式，如加工装配贸易、补偿贸易、国际租赁业务和国际分包合同等形式。

（五）国际资本移动使各国贸易政策发生了变化

在国际资本移动的发展过程中，跨国公司作为国际资本移动的载体起着重要作用。跨国公司经营活动的顺利开展与其所处的贸易环境密切相关，因此跨国公司会通过对本国政府施加压力，影响本国政府的贸易政策，要求政府为其创造良好的贸易环境。

（六）国际资本移动加剧了发达国家贸易发展的不平衡

发达国家贸易发展不平衡的原因是多方面的，其中对外直接投资起了重要作用。它不仅影响到各国生产结构的变革，还会影响到各国产品在国际市场上的竞争能力，从而导致发展不平衡。

第三节　跨国公司

一、跨国公司的定义与特征

（一）跨国公司的定义

跨国公司，又称多国公司、国际公司。根据联合国跨国公司中心的定义，跨国公司指设在两个或两个以上国家的实体，在一个决策体系中进行经营的企业。跨国公司必须具备三个要素：第一，跨国公司必须是一个工商企业位于多国的经营实体，母公司通过股权或其他方式对其他实体进行控制；第二，跨国公司必须有一个中央决策体系，具有共同的全球经营战略和协调一致的共同政策、策略；第三，跨国公司内的各个实体分享资源、信息，共同承担责任。

（二）跨国公司的特征

1. 实行全球化经营战略

跨国公司有全球性的战略目标和战略部署。所谓全球战略，是指跨国公司将其全球范围的经营活动视为一个整体，目标是追求整体利益的最大化，而不考虑局部利益的得失。跨国公司经营的主要方式是商品贸易、直接投资和技术转让。为实现公司全球利益最大化，跨国公司要在世界范围考虑原料来源、劳力雇佣、产品销售和资金利用；要充分利用东道国和各地区的有利条件从事国际化生产，并借助其全球的庞大销售网络行销其产品。这在客观上要求跨国公司把商品贸易、直接投资、技术转让三者结合起来，相互利用，从公司的整体利益以及未来发展着眼，进行全面安排。

2. 公司内部一体化经营

虽然跨国公司的总公司与各个子公司分散在各国经营，但通过集中决策的管理体制，总公司与子公司、子公司与子公司之间可以形成一个整体。总公司拥有重大事宜的最终决定权，并为公司的发展把握方向，通过集中统一的指挥方式将各个子公司的分散经营活动有机结合起来。如一子公司东道国的投资环境及市场恶化，一方面子公司需要灵活经营，降低风险；另一方面总公司可以通过集中决策，使该子公司与其他子公司进行内部贸易等来转移风险。因而，跨国公司虽然拥有众多的子公司，且分布于世界各地，但由于实现了内部一体化，众多子公司就像一个被严密控制的单一企业一样，位于被国界分开的许多市场，在几个国家之间从事经营。

3. 公司规模庞大，实力雄厚

跨国公司都是在一个或几个部门居于垄断地位的国际化大企业或企业的联合体。

它们拥有先进的技术和管理经验、多样化的产品、雄厚的资金、全球性的营销网络以及发达的商业信息网。目前，全球的跨国公司大约有6.5万家。这些跨国公司拥有大约85万家国外分支机构。2005年，这些分支机构的雇员大约有8700万人，其出口量约占全球出口量的1/3。

4. 经营多样化

跨国公司的国际一体化生产体系，无论是垂直一体化，还是水平、混合一体化，其产品必定是多样化的。多样化是跨国公司发挥其经营优势、降低风险的重要办法，而一般企业限于经营规模和资金实力则难以充分实现多样化。同时，多样化经营能将市场进行细分，可以适应不同层次、不同类型的市场需求，满足消费者需要。如肯德基在中国采取了"全球产品—地方口味"的策略，推出老北京鸡肉卷，以适合中国消费者的口味。

二、跨国公司的发展

（一）跨国公司的形成

跨国公司产生历史最早可追溯到15世纪末到16世纪初。但当时的跨国公司主营的业务是贸易，因此主流观点认为，当时这种以贸易为主要业务的公司就是一种跨国公司的雏形，或称跨国贸易商社。

现代意义上的跨国公司起源于19世纪60年代。当时一些发达资本主义国家的大型企业通过对外直接投资，在海外设立分支机构和子公司，其中最具有代表性的跨国公司有：1865年，德国弗里德里克·拜耳化学公司在美国纽约州的奥尔班尼开设一家制造苯胺的工厂；1866年，瑞典的阿佛列·诺贝尔公司在德国汉堡开设了一家炸药厂；美国的胜家缝纫机公司在19世纪50年代中期就在加拿大、拉丁美洲和欧洲设立了销售点，1867年在英国格拉斯哥设立了第一家工厂，1889年又在英国伦敦和德国汉堡等地设立负责公司在世界各地销售业务的销售机构。

跨国公司的对外直接投资这一资本输出方式，在19世纪中期还为数极少，只有个别资本主义强国才能做到。19世纪末到20世纪初，资本主义进入垄断阶段。随着垄断企业生产能力的扩大和垄断程度的提高，国内投资的边际收益日趋减少，就出现了所谓的过剩资本。出于对利润的追求，资本家开始逐渐把资本投向国外，资本输出不断增加。作为资本输出的重要工具，跨国公司逐渐发展了起来。一些大公司，如美国福特汽车公司、美国爱迪生联合电气公司、英荷壳牌公司等，纷纷在国外设立分厂或分公司，国内工厂与国外工厂开始同时生产和销售。

（二）跨国公司的发展

第二次世界大战后，对外直接投资的迅猛发展促进了跨国公司的发展。根据联合国跨国公司中心统计，从1949年至1978年，全球跨国公司的数量从512家增至10727家，子公司和分支机构至少达82266家，投资所在地已超过160个国家和地区。在这一阶段，美国的跨国公司超过了英国，成为世界上跨国公司最多的国家。

进入20世纪80年代后，跨国公司经历了一个快速发展时期，全世界总的对外直接投资超过了5000亿美元。到1989年，全世界跨国公司总数已增加到3.5万家，子公司达1.5万家，形成了庞大的遍布全球的网络体系。

进入20世纪90年代后，跨国公司的发展不再集中于个别发达国家，而是出现了全球化趋势，发展中国家特别是新兴发展中国家和石油输出国的跨国公司得到较大发展。1998年，在全球500家最大公司中，发展中国家和地区占25家。虽然大部分的跨国公司仍在发达国家，但发展中国家的跨国公司成为向发达国家跨国公司挑战的新生力量。而对于全世界的跨国公司来讲，其生产总值占全球各国国内生产总值的近30%，跨国公司内部和跨国公司之间的贸易均占世界贸易总额的1/3。规模庞大的跨国公司已成为影响国际贸易、国际金融和国际技术转移的重要力量。

（三）第二次世界大战后跨国公司迅速发展的原因

第二次世界大战后，跨国公司迅速发展有其政治和经济上的多方面原因，总结起来有以下几点。

1. 科技革命和社会生产力发展的必然结果

第二次世界大战后，资本主义国家经历了以原子能、电子计算机、高分子、航天航空、光纤等技术为标志的第三次科技革命。科技革命使社会生产力发展超越国界，不仅使商品和货币的国际流通日趋扩大，生产活动本身的国际化也不断加深。企业的发展日益受到资源和市场的约束，为了提高效率，就必须在全球范围内布局生产和销售，到最有利的地方去投资设厂，设置最有利于全局的销售点。同时，社会生产力的发展改进了运输工具和通信联络方式，为跨国公司的国际化生产经营提供了物质条件。

2. 第二次世界大战后的贸易保护主义促进了跨国公司的发展

第二次世界大战后，各国在相当长的时期内受到新贸易保护主义的影响，在努力扩大出口、扩大海外销售市场的同时，设置了各种严格的关税以及非关税壁垒来限制进口。针对这种情况，跨国公司通过扩大对外直接投资，以就地生产、就地销售的方法避开各国的贸易壁垒，达到扩大市场份额、占领各国市场的目的。

3. 各国政府对跨国公司发展的大力扶持与鼓励

第二次世界大战后，发达国家以市场失灵为借口加强了对经济的干预。为了扶持本国企业的对外扩张，各国政府采取了种种措施支持跨国公司的发展，如为跨国公司提供优惠信贷支持；利用税收优惠或参与的方式支持企业的R&D（研究与发展）活动，以提高其竞争力；由政府出面协调国际关系，签订避免双重课税协定，以改善跨国公司的投资环境，减轻其纳税负担等。

4. 第二次世界大战后发展中国家对发展民族经济的要求

第二次世界大战后，发展中国家由于先天不足，普遍缺乏技术、资金和管理经验发展民族经济。为了吸引发达国家跨国公司的技术、资本和管理，发展中国家对跨国公司采取的许多优惠政策待遇，无疑对跨国公司的发展起到了有利的推动作用。与此同时，近年来，发展中国家企业随着自身实力的增强和政府的直接支持，也出现了一些跨国公司。

三、跨国公司对国际贸易的影响

（一）促进国际贸易的增长

跨国公司推动了第二次世界大战后国际贸易的发展，促进了国际贸易的增长。为了使国际化经营得以顺利进行，跨国公司的母公司与分布在世界各地的子公司以及各子公司之间频繁地进行着从原材料到中间品、制成品以及生产技术的跨国转移。这种跨国公司内部贸易的数量和金额越大，国际贸易的数量和金额就越大。

跨国公司及其分支机构除了进行内部贸易，还会和外部企业发生交易行为。跨国公司及其分支机构随着在世界范围经济活动的扩大，与国外贸易伙伴发生的贸易也随之扩大。

（二）改变市场结构和国际贸易方式

随着跨国公司对发展中国家直接投资的急剧增加，发展中国家和发达国家之间的国际分工格局也发生了改变，特别是工业化程度较高的发展中国家，与发达国家的关系逐渐由垂直分工转向水平分工，贸易结构也从传统的产业间贸易为主转向产业内贸易为主。例如，我国改革开放以来，大量的外国直接投资改善了我国出口商品结构，促进了我国的产业结构升级，推动我国加快了和发达国家水平分工的转变进程。

另外，跨国公司利用内部贸易将外部市场内部化，以协调母公司与子公司及其分支机构之间的业务，通过转移定价来实现全球经营整体利益的最大化。跨国公司的这些行动在一定程度上改变了国际贸易的市场结构，使按照供求关系形成的价格和市场透明度都有一定程度的扭曲，按照自由竞争原则进行的交易数量也日趋缩小；而通过跨国公司的"内部市场"，利用划拨价格进行的交易数量日益扩大。随着跨国公司活动的加强，国际贸易方式也从传统的国与国之间的谈判与订货转向来料加工、补充贸易和回购贸易等。

（三）影响国际贸易的商品结构

第二次世界大战后，国际贸易商品结构呈现出初级产品比重不断下降、制成品比重日益上升的趋势。这与跨国公司对外投资主要集中在制造业部门，尤其在资本、技术密集型产业有关。在发达国家，跨国公司投资主要集中在资本密集型的新兴产业部门。在发展中国家，由于东道国政府的压力，跨国公司投资被迫退出采掘业等初级产品部门，而转向部分劳动和资源密集型的部门，同时加强对金融、保险、通信等服务业部门的投资。这种投资格局使初级产品贸易比重逐渐下降。同时，跨国公司利用丰厚资金与先进技术加强人造原料和合成材料的研制与生产，部分取代了天然原料，也导致了原材料国际贸易比重的下降。

第四节 国际服务贸易

一、服务贸易的范围

（一）服务贸易的含义

服务也称劳务，是指人们以提供活劳动的方式来满足生产和生活的各种需要的一种经济活动。这种活动之所以称为劳务（服务），是因为这种活动创造的使用价值不是物，而是提供服务，是一种特殊的活动。服务贸易是指国际贸易过程中的各种服务活动。根据世界贸易组织《服务贸易总协定》第 1 条服务贸易的定义，服务贸易是指①从一成员境内向任何成员境内提供服务；②从一成员境内向任何其他成员的服务消费者提供服务；③一成员的服务提供者在任何其他成员境内以商业存在提供服务；④一成员的服务提供者在任何其他成员境内以商业存在提供服务。

服务贸易可以分为国内服务贸易和国际服务贸易。通常意义上的服务贸易多指国际服务贸易，即国家或地区之间服务输入（进口）和服务输出（出口）的一种贸易形式。从一个国家的角度来看，凡是通过对国外提供一定的劳动活动取得外汇收入，即构成该国的服务出口；凡是接受国外的劳动活动、付出外汇，即构成该国的服务进口。

国际服务贸易不能等同于国际无形商品贸易，而是无形贸易的重要组成部分，因为国际无形贸易除了服务贸易的各项内容外，还包括国际直接投资的收益、捐赠、侨汇等。

（二）服务贸易的范围

根据《服务贸易总协定》的规定，服务贸易范围包括以下 11 个部门和其他。

1. 商业服务

商业服务指在商业活动中涉及的服务交换活动。服务贸易谈判小组列出了六类商业服务，其中既包括个人消费的服务，也包括企业和政府消费的服务。

（1）专业性（包括咨询）服务。这类服务包括法律服务、工程设计服务、旅游机构提供服务、城市规划与环保服务、公共关系服务、涉及上述服务项目的有关咨询服务活动和安装及装配工程服务（不包括建筑工程服务）。

（2）计算机及相关服务。这类服务包括计算机硬件安装的咨询服务、软件开发与执行服务、数据处理服务、数据库服务及其他。

（3）研究与开发服务。这类服务包括自然科学、社会科学以及人类学中的研究与开发服务，在纪律约束下的研究与开发服务。

（4）不动产服务。这类服务指不动产范围内的服务交换，但是不包含土地的租赁服务。

（5）设备租赁服务。这类服务主要包括交通运输设备，如汽车、飞机、船舶等，和非交通运输设备，如计算机、娱乐设备等的租赁服务。但是，不包括其中有可能涉及的操作人员的雇用或所需人员的培训服务。

（6）其他服务。这类服务有生物工艺学服务、翻译服务、展览管理服务、广告服务、市场研究及公众观点调查服务、管理咨询服务、与人类相关的咨询服务、技术监测及分析服务、与农林牧渔相关的服务、与采掘业和制造业相关的服务、与科技相关的服务、建筑物清洁服务、摄影服务、包装服务、印刷出版服务、会议服务、其他服务等。

2. 通信服务

通信服务主要指有关信息产品操作、存储设备和软件功能等的服务。通信服务由公共通信部门、信息部门、关系密切的企业集团和私人企业间进行信息转接和服务提供，主要包括邮电服务、信件使用权服务、视听服务、其他电信服务等。

3. 建筑服务

建筑服务主要指工程建筑从设计、选址到施工的整个服务过程，具体包括涉及建筑物的地址选择；国内建筑工程项目，如桥梁、港口、公路等的地址选择；建筑物的安装及装配工程；工程项目施工建筑；固定建筑物的维修服务；其他服务。

4. 分销服务

分销服务指产品销售过程中的服务，主要包括批发现代化建设服务、与销售有关的代理服务、特许经营服务和其他销售服务等。

5. 教育服务

教育服务指各国间在高等教育、中等教育、初等教育、学前教育、继续教育、特殊教育和其他教育中的服务交往，如互派留学生、访问学者等。

6. 环境服务

环境服务指污水处理服务、废物处理服务、卫生及相关服务等。

7. 金融服务

金融服务主要指银行和保险业及相关的金融服务活动。包括以下内容：

（1）银行及相关服务：银行存款服务；与金融市场运行管理有关的服务；贷款服务；与债券市场有关的服务，主要涉及经纪业、股票发行和注册管理、有价证券管理等；附属于金融中介的其他服务，包括贷款经纪、金融咨询、外汇兑换服务等。

（2）保险服务：货物运输保险，其中含海运、航空运输及陆路运输中的货物运输保险等；非货物运输保险具体包括人寿保险、养老保险或年金保险的服务等；附属于保险的服务例如保险经纪业、保险类别咨询、保险统计和数据服务及再保险服务等；再保险服务。

8. 健康及社会服务

健康及社会服务主要指医疗服务、其他与人类健康相关服务、社会服务等。

9. 旅游及相关服务

旅游及相关服务指旅馆、饭店提供的住宿、餐饮及相关的服务、旅行社及导游服务等。

10. 文化、娱乐及体育服务

文化、娱乐及体育服务指不包括广播、电影、电视在内的一切文化、娱乐、新闻、图书馆、体育服务，如文化交流、文艺演出等。

11. 交通运输服务

交通运输服务主要包括货物运输服务，如航空运输、铁路运输、管道运输、内河和沿海运输、公路运输服务、航天发射服务、船舶服务（包括船员）；附属交通运输的服务，指报关行、货物装卸、仓储、港口服务、起航前查验服务等。

二、国际技术贸易

（一）国际技术贸易概述

国际技术贸易是指不同国家的企业、经济组织或个人之间，按照一般商业条件，向对方出售或从对方购买软件技术使用权的一种国际贸易行为，由技术出口和技术引进两方面组成。简言之，国际技术贸易是一种国际以纯技术的使用权为主要交易标的的商业行为。

国际技术贸易是以无形的技术知识作为主要交易标的，主要包括专利、商标和专有技术。商标虽不属于技术，但与技术密切相关，所以常作为国际技术贸易的基本内容之一。

1. 专利

根据世界知识产权组织的定义，专利是"由政府机构（或代表几个国家的地区机构）根据申请而发给的一种文件，文件中说明一项发明并给予它一种法律上的地位，即此项得到专利的发明，通常只能在专利持有人的授权下，才能予以利用（制造、使用、出售、进口）。对专利保护的时间限制，一般为 15 年至 20 年。"

专利权是以技术发明为对象，依据法律，经申请批准获得的财产独占权。在商品经济关系中，专利权反映的是国家与获得专利权的技术发明人、发明人与其他第三者之间的权利关系，属于社会关系范畴。

专利权的特点：

（1）专利权是一种法律赋予的权利。发明人通过申请，并经专利机关审查批准，使其发明获得了法律地位而成为专利发明，同时其自身也因此获得了专利权，这种权利的产生与物权的自然产生是不同的。

（2）专利权是一种特殊的财产权。专利技术是一种知识财产、无形财产。

（3）专利权是一种不完全的所有权。专利权的获得是以发明人公开其发明的内容为前提的，而公开了的知识很难真正为发明人所独有。

（4）专利权是一种排他性（独占性、专有性）的权利。特定的发明，只能有一家获得其专利权。即只有专利权人才能利用这项专利发明，他人未经专利权人的许可，不能使用该专利发明。

（5）专利权是一种有地域性的权利。专利权只在专利权批准机关所管辖的地区范围内发生效力。

（6）专利权是一种有时间性的权利。专利权的有效期一般为 10～20 年。超过这个时间，专利权即失去效力。

2. 商标

商标是商品生产者或经营者为了使自己的商品同他人的商品相区别而在其商品上所加的一种具有显著性特征的标记。常见的商标有文字商标和图形商标。国外有立体商标，如"可口可乐"饮料瓶子的特殊形状，还有音响商标、气味商标等形式。商标大体上可分为三类：制造商标、商业商标和服务商标。

商标权是商标使用者向商标管理部门申请注册并得到批准的商标专用权。但在少数国家，商标权是由于商标的首先使用而获得的。在我国，商标权是以"注册在先"原则而取得的；内容包括使用权、禁止权（禁止他人使用）、转让权、许可使用权和放弃权；受专门法律《中华人民共和国商标法》的保护。

商标权的特点：

（1）商标权是一种排他性权利。

（2）商标权是一种特殊的财产权。商标是一种无形的知识财产。

（3）商标权是有时间性但又可无限延期的权利。与专利权期满不可延期不同，商标权到期可办理续展手续，且续展次数不限。

（4）商标权是一种有地域性的权利。商标权只在注册机构所管辖地区范围内有效。

3. 专有技术

专有技术的一般含义是指为制造某一特殊产品或使用某一特殊工艺所需要的一切知识、经验和技能；包括各种工艺流程加工工艺、产品设计、图纸技术资料、配方和技术规范等秘密的技术知识，在特定情况下，还包括有关管理、商业、财务等方面的内容。

专有技术可以是产品的构思，也可以是方法的构思，在不少方面与专利技术不同，具体表现在：

（1）专利技术必须是可以通过语言来传授的，专有技术虽也须是可以传授的，但未必都是可言传的，有些只能通过"身教"才能传授。

（2）专有技术是处于秘密状态下的技术，而专利技术是公开技术。

（3）专有技术没有专门法律保护，所以不属于知识产权。

（4）专利技术是被专利文件固定了的静态技术，而专有技术则是富于变化的动态技术。

（5）专利技术受保护或被垄断的期限是有限的（最多20年），而专有技术是靠保密而垄断的，因此期限是不定的。

专有技术是一种无形的知识财产，除了需要用保密手段保护，也需要法律的保护。在实际中，专有技术主要是通过援引合同法、防止侵权行为法、反不正当竞争法和刑法来取得保护，但专有技术受法律保护的力度远比专利技术受到专利法保护的力度小。

（二）国际技术贸易的方式

国际技术贸易采用的方式主要有许可证贸易、技术服务与咨询、特许专营、合作生产，以及含有知识产权和专有技术许可的设备买卖等。

1. 许可证贸易

许可证贸易又称许可贸易，是指知识产权或专有技术的所有人作为许可方，通过与被许可方（引进方）签订许可合同，将其所拥有的技术授予被许可方，允许被许可方按照合同约定的条件使用该项技术，制造或销售合同产品，并由被许可方支付一定数额的技术使用费的技术交易行为。这是国际技术贸易最主要和最基本的方式。

许可证贸易按其标的内容可分为专利许可、商标许可、计算机软件许可和专有技术许可等形式。在国际技术贸易实践中，一项许可证贸易可能包括上述一项内容，如单纯的专利许可，也可能包括上述两项或两项以上内容，成为一揽子许可。

2. 咨询服务和技术服务

咨询服务和技术服务是指双方当事人通过签订协议或技术合同，由技术的提供方就某项工程技术课题、人员培训、企业管理和产品销售等向技术接受方提供咨询或传授技术、技巧等的商业营利性服务。

咨询服务和技术服务的范围和内容相当广泛，包括产品开发、成果推广、技术改造、工程建设、科技管理等方面，大到大型工程项目的工程设计、可行性研究，小到对某个设备的改进和产品质量的控制等。

3. 特许专营

特许专营是指由一家已经取得成功经验的企业，将其商标、商号名称、服务标志、专利、专有技术以及经营管理的方式或经验等全盘地转让给另一家企业使用，由后一企业（被特许人）向前一企业（特许人）支付一定金额的特许费的技术贸易行为。

特许专营是近几十年迅速发展起来的一种新型商业技术转让方式。特许专营的受方与供方经营的行业、生产和出售的产品、提供的服务、使用的商号名称和商标（或服务标志）都完全相同，甚至商店的门面装潢、用具、职工的工作服、产品的制作方法、提供服务的方式也都完全一样。但各个使用同一商号名称的特许专营企业并不是由一个企业主经营的，被授权人的企业不是授权人的分支机构或子公司，也不是各个独立企业的自由联合。它们都是独立经营、自负盈亏的企业。授予人不保证被授人企业一定能获得利润，对其企业的盈亏也不负责任。例如，美国的麦当劳快餐店在世界各地几乎都有它的被授权人，被授权人所提供的服务同美国总部一样，所生产和销售的汉堡包的味道也完全一样，但各个快餐店自负盈亏。

4. 合作生产

合作生产是本国企业和外国企业依据共同签订的协议或合同，分别生产同一产品的不同零部件，然后由一方或双方装配成为成品出售，或者双方按协议或合同规定的规格、品种、数量，分别制造双方所需的零部件，相互交换，然后各自组装成自己的产品出售，因此，合作生产对双方当事人都有利。合作生产中的一方或各方拥有生产某种合同产品的特别技术，在合作生产过程中通过单向许可或双向交叉许可的方式，再辅以一定的技术服务咨询，从而实现国际技术转让。

5. 含有知识产权和专有技术转让的设备买卖

含有知识产权和专有技术转让的设备买卖，其交易标的包含了两方面的内容：一是硬件技术，即设备本身；二是软件技术，即设备中所含有的与设备相关的技术知识。这些技术知识又分为两部分：一部分属于一般的技术知识，另一部分是专利技术和专有技术。这种设备的成交价格中不仅包括设备的生产成本和预得利润，也包括相关的专利或专有技术的价值。这种设备的买卖合同中含有专利和专有技术许可条款以及技术服务和咨询条款。

在国际贸易实际业务中，在购买设备特别是关键设备时，有时也会含有知识产权或专有技术的转让内容。这种设备买卖也属于技术贸易的一种方式。但是，单纯的设备买卖，即不含有知识产权和专有技术许可的设备买卖属于普通商品贸易，不是技术贸易。

参考文献

[1] 张亚斌,范子杰.国际贸易格局分化与国际贸易秩序演变[J].世界经济与政治,2015(03):30-46.

[2] 张良卫."一带一路"战略下的国际贸易与国际物流协同分析——以广东省为例[J].财经科学,2015(07):81-88.

[3] 李丽.低碳经济对国际贸易规则的影响及中国的对策[J].财贸经济,2014(09):114-123.

[4] 王金波.国际贸易投资规则发展趋势与中国的应对[J].国际问题研究,2014(02):118-128

[5] 张二震,马野青.贸易投资一体化与当代国际贸易理论的创新[J].福建论坛(人文社会科学版),2002(01):29-35.

[6] 魏浩.贸易投资一体化与当代国际贸易理论的创新[J].首都经济贸易大学学报,2003(02):60-63.

[7] 李楠.国际贸易惯例及其运用和作用[J].理论学刊,2006(07):74-76.

[8] 杨志忠,陈彬.试析国际商务惯例的适用规则[J].广西政法管理干部学院学报,2005(02):115-118.

[9] 熊豪.国际贸易中常用惯例和规则对交易各方身份界定差异性分析[J].合作经济与科技,2014(07):68-70.

[10] 沈木珠.国际贸易合同适用国际贸易惯例的实证分析[J].国际贸易问题,2009(05):113-119.

[11] 王鑫.论国际贸易规则及其新发展[J].商业时代,2012(25):51-52.

[12] 史笑晓.国际贸易惯例及其适用问题研究[J].浙江学刊,2002(06):214-217.

[13] 肖永平.论国际商事惯例在我国的适用[J].河南省政法管理干部学院学报,2003(01):73-80.

[14] 吕延方,王冬."一带一路"有效实施:经济规模、地理与文化距离[J].经济学动态,2017(4):30-40.

[15] 曲如晓,韩丽丽.文化距离对中国文化产品贸易影响的实证研究[J].黑龙江社会科学,2011(4):6.

[16] 阚大学，罗良文. 文化差异与我国对外贸易流量的实证研究：基于贸易引力模型 [J]. 中央财经大学学报，2011（7）：77-83.

[17] 田晖，蒋辰春. 国家文化距离对中国对外贸易的影响：基于 31 个国家和地区贸易数据的引力模型分析 [J]. 国际贸易问题，2012（3）：45-52.

[18] 冯根尧，陈霄. 中国与"一带一路"沿线支点国家文化产品贸易效率与出口潜力：基于随机前沿引力模型的测算 [J]. 绍兴文理学院学报（人文社会科学），2019（6）：70-78.

[19] 范兆斌，黄淑娟. 文化距离对"一带一路"国家文化产品贸易效率影响的随机前沿分析 [J]. 南开经济研究，2017（4）：125-140.

[20] 高长春，张买叶. 文化距离对中国文化创意产品出口效率的影响 [J]. 中国集体经济，2020（25）：113-114.